汽车维修工具使用指南丛书

刘春晖 李晓娜 赵传生 ◎ 主编

汽车诊断检测仪器与设备使用指南

机械工业出版社
CHINA MACHINE PRESS

本书对汽车维修过程中常用的通用型汽车诊断仪器、专用型汽车诊断仪器、检测设备与养护设备进行了全面讲解，重点针对各仪器设备的使用方法、安全注意事项、使用后的维护、日常的保养及使用过程中的注意事项做了详细说明，并结合实例，对常见车系的诊断设备的使用操作步骤及相应的注意事项做了较为详细的说明讲解。

本书内容以图为主，辅之以相应文字介绍说明，力求将各类仪器设备的使用、操作与保养描述得更加通俗易懂、更加易于掌握。

本书适用于一线汽车维修人员及初学者自学，也可以作为职业院校、技工院校汽车检测与维修相关专业在校学生的学习参考书。

图书在版编目（CIP）数据

汽车诊断检测仪器与设备使用指南/刘春晖，李晓娜，赵传生主编．—北京：机械工业出版社，2019.8

（汽车维修工具使用指南丛书）

ISBN 978-7-111-62913-9

Ⅰ．①汽⋯　Ⅱ．①刘⋯　②李⋯　③赵⋯　Ⅲ．①汽车－故障诊断－仪器设备－指南②汽车－故障检测－仪器设备－指南　Ⅳ．①U472.4－62②U472.9－62

中国版本图书馆 CIP 数据核字（2019）第 110871 号

机械工业出版社（北京市百万庄大街 22 号　邮政编码 100037）

策划编辑：杜凡如　　责任编辑：杜凡如　徐　霆

责任校对：梁　倩　　封面设计：马精明

责任印制：张　博

三河市宏达印刷有限公司印刷

2019 年 7 月第 1 版第 1 次印刷

184mm×260mm・15.25 印张・371 千字

0 001—3 000 册

标准书号：ISBN 978-7-111-62913-9

定价：49.00 元

电话服务　　　　　　　　　　网络服务

客服电话：010－88361066　　机　工　官　网：www.cmpbook.com

　　　　　010－88379833　　机　工　官　博：weibo.com/cmp1952

　　　　　010－68326294　　金　书　网：www.golden－book.com

封底无防伪标均为盗版　　机工教育服务网：www.cmpedu.com

前言 PREFACE

随着科技的不断进步和电子技术的不断发展,电子设备和电子控制系统越来越广泛地应用在现代汽车上,大大提高了汽车行驶的经济性、动力性、环保性、安全性和乘坐的舒适性。新技术的采用和新系统的不断配置给车辆的故障诊断、检测和维修带来了新的课题。仅凭以往用直观感觉、经验和普通的检测仪器无法对车辆进行准确的故障检测和判断,取而代之的是现代的诊断检测仪器与设备。由此,学习和掌握最新、最先进的汽车诊断检测仪器与设备的知识是做好汽车诊断与维修工作的重中之重。本书搜集了大量的国内外资料并结合一线的实际工作经验编写,以期对广大的一线汽车维修人员及初学入门者掌握汽车诊断检测设备的使用提供参考。

本书对汽车维修过程中常用的通用型汽车诊断设备、专用型汽车诊断设备、检测设备与养护设备进行了全面讲解,重点针对各仪器设备的使用方法、安全注意事项、使用后的维护、日常的保养及使用过程中的注意事项做了详细说明,并结合实例,对常见车系的诊断设备的使用操作步骤及相应的注意事项做了较为详细的说明讲解。

本书不仅是一线汽车维修人员和初学者使用和操作汽车诊断检测仪器与设备的入门指导书,更是职业院校、技工院校汽车检测与维修相关专业在校学生的一本很好的学习参考书。

本书由山东华宇工学院刘春晖、李晓娜、赵传生主编,参加编写工作的还有吴云、陈明、张薇薇、高举成、张文志。

本书在编写过程中参考了许多国内外文献资料,并得到德州元盛鑫喜汽车销售公司、德州汇众汽车销售技术服务有限公司提供技术支持,对此表示衷心感谢!由于编者水平所限,书中难免有错误和不当之处,恳请广大读者批评指正。

编者

前　言
第一章　通用型汽车诊断仪器 ··· 1
　第一节　KT700 VCI 故障诊断仪 ·· 2
　　一、PC 软件环境 ·· 2
　　二、VCI 主机及设备连接 ··· 3
　　三、VCI 系统设置 ·· 4
　　四、汽车诊断 ··· 8
　第二节　KT600 汽车专用示波器 ·· 15
　　一、KT600 汽车专用示波器简介 ··· 15
　　二、基本功能与操作 ··· 19
　　三、传感器测试应用 ··· 24
　　四、空气/燃油信号测量 ··· 28
　　五、点火系统 ··· 34
　第三节　KT770 汽柴两用诊断仪 ·· 41
　　一、KT770 主机 ··· 41
　　二、设备连接 ··· 43
　　三、KT770 系统设置 ·· 44
　　四、辅助功能 ··· 51
　　五、网络设置 ··· 58
　　六、汽车诊断条件 ·· 60
　　七、诊断功能 ··· 62
　　八、维修指导 ··· 70
　　九、结束使用 ··· 72
　第四节　X-431 PRO3 汽车故障诊断仪 ·· 72
　　一、诊断仪的特性 ·· 72

二、X-431 PRO3 整机结构 …………………………………………………… 72

三、使用前准备 ……………………………………………………………… 75

四、DBScar 插头连接与设置 ……………………………………………… 77

五、用户注册与插头注册 …………………………………………………… 78

六、故障诊断 ………………………………………………………………… 80

七、维修资料库 ……………………………………………………………… 84

八、其他相关内容 …………………………………………………………… 85

第二章 专用型汽车诊断仪器

第一节 宝马 ISTA 车辆诊断系统 ……………………………………………… 89

一、启动 ISTA 维修车间系统 ……………………………………………… 89

二、通过"读取车辆数据"选择车辆 ……………………………………… 89

三、启动车辆测试 …………………………………………………………… 91

四、显示故障码存储器中的故障记忆 …………………………………… 92

五、编辑检测计划 …………………………………………………………… 92

六、编程 ……………………………………………………………………… 93

七、打印过程记录 …………………………………………………………… 97

八、退出过程 ………………………………………………………………… 98

第二节 VAS5054A 操作手册 ………………………………………………… 99

一、VAS5054A 仪器配置维护 ……………………………………………… 100

二、VAS5054A 的使用范围及应用 ………………………………………… 102

三、安装和投入运行 ………………………………………………………… 103

四、在诊断应用程序下的应用 …………………………………………… 115

五、诊断接口配置工具 …………………………………………………… 115

六、常见问题 ………………………………………………………………… 116

第三节 TECH2 通用汽车故障诊断仪 ………………………………………… 117

一、结构参数 ………………………………………………………………… 117

二、基本诊断策略 …………………………………………………………… 120

三、常用术语 ………………………………………………………………… 121

四、TECH2 的结构、保养与使用 ………………………………………… 122

五、主菜单 …………………………………………………………………… 128

六、特殊功能 ………………………………………………………………… 132

第四节 IT-Ⅱ检测仪使用说明 ………………………………………………… 136

一、使用前准备 ……………………………………………………………… 136

二、基本操作 ·· 140

三、诊断功能 ·· 147

第三章 汽车检测设备 ·· 158

第一节 四轮定位仪 ·· 158

一、概述 ·· 158

二、仪器结构 ·· 159

三、基本操作流程 ·· 164

四、操作说明 ·· 165

五、常规检测 ·· 166

六、特殊测量 ·· 167

七、偏心补偿 ·· 170

八、推车补偿 ·· 171

九、主销测量 ·· 172

十、后轴测量 ·· 174

十一、前轴测量 ··· 177

十二、报表打印 ··· 179

十三、快速检测 ··· 181

十四、附加检测 ··· 182

第二节 全自动前照灯检测仪 ··· 182

一、设备结构 ·· 182

二、设备使用方法 ·· 183

三、设备维护 ·· 190

第三节 汽车排气分析仪 ··· 191

一、仪器结构 ·· 191

二、仪器的使用方法 ··· 192

三、仪器的维护与保养 ·· 198

第四节 发动机综合分析仪 ·· 199

一、发动机综合分析仪的功能 ·· 200

二、发动机综合分析仪的特点 ·· 200

三、FSA740 故障分析仪的主要功能 ·· 200

四、FSA740 故障分析仪的使用方法 ·· 201

第四章 汽车养护设备 ·· 214

第一节 制冷剂回收再生充注机 ·· 214

一、结构与配置 ………………………………………………………………… 214
　　二、初始设置 …………………………………………………………………… 216
　　三、菜单功能 …………………………………………………………………… 221
　　四、设置 ………………………………………………………………………… 228
　第二节　汽车喷油器清洗检测仪 …………………………………………………… 229
　　一、汽车喷油器清洗检测仪的功能 …………………………………………… 229
　　二、汽车喷油器清洗检测仪的使用方法 ……………………………………… 230
　　三、汽车喷油器清洗检测仪的保养与维护 …………………………………… 232

第一章

通用型汽车诊断仪器

汽车故障诊断仪（又称汽车解码器）是车辆故障自检终端，是用于检测汽车故障的便携式智能汽车故障自检仪，用户可以利用它迅速地读取汽车电控系统中的故障，并通过液晶显示屏显示故障信息，迅速查明发生故障的部位及原因。

汽车故障诊断仪是维修中非常重要的工具，一般具有如下几项或全部的功能：①读取故障码。②清除故障码。③读取发动机动态数据流。④示波功能。⑤元件动作测试。⑥匹配、设定和编码等功能。⑦英汉辞典、计算器及其他辅助功能。故障诊断仪大都随机带有使用手册，按照说明极易操作。一般来说有以下几步：①在车上找到诊断座。②选用相应的诊断接口。③根据车型，进入相应诊断系统。④读取故障码。⑤查看数据流。⑥诊断维修之后清除故障码。

其主要功能包括以下几项：

1）通过 CAN、LIN 通信模块可以实现与车载各个 ECU 之间的对话，传送故障码以及发动机的状态信息。

2）通过单片机的同步/异步收发器可以与 PC 机进行串行通信从而完成数据交换、下载程序，以及诊断仪升级等功能。

3）通过液晶显示器来显示汽车运行的状态数据及故障信息。

4）通过键盘电路来执行不同的诊断功能。

5）通过一种具有串行接口的大容量 FLASH 存储器来保存大量的故障码及其测量数据。

汽车故障诊断仪可分为通用型和专用型两种。通用型汽车诊断仪可适用多种车型的测量，设置的主要功能包括：电控单元（ECU）版本的识别、故障码读取和清除、动态数据参数显示、传感器和部分执行器的功能测试与调整、某些特殊参数的设定、维修资料及故障诊断提示、路试记录等。

通用型诊断仪的特点是可测试的车型较多，适应的范围也较宽。但它与专用诊断仪相比，无法完成某些特殊功能。下面以 KT700 VCI 故障诊断仪、KT600 汽车专用示波器、KT770 汽柴两用诊断仪以及 X–431 PRO3 汽车故障诊断仪为例，分别进行介绍。

第一节　KT700 VCI 故障诊断仪

KT700 是博世检测设备（深圳）有限公司开发的一代基于 PC 电脑实现汽车诊断和维修的模块，开发严格按照博世原厂品质的标准，采用无线通信，独立的诊断模块可以方便快速地对车辆 ECU 进行诊断，独立的测量模块可以安全可靠地对车辆各电控系统、传感器及执行器等进行维修测试。

主机内核性能采用 Cortex - A8，使用可充电电池，系统运行速度快、稳定性高、独立性强，快速读取故障码并且一键式清除所有故障码，数据流可以以数值、波形及控件方式显示、存储和对比，控制 ECU 进行执行元件的测试、控制器编码、自适应值清除、基本设定和匹配、保养灯归零及防盗匹配等高级功能，可选择品牌及车型进行软件下载升级。

行车记录仪功能可使用户选择多条数据流进行实时的运行记录，记录时间可达 1000min 以上，记录的动态数据可在任意时间进行回放分析并请专家进行远程协助分析，结合 KT700 自带的维修资料可以快捷地解决汽车各种疑难杂症。

一、PC 软件环境

1. 电脑参数

KT700 VCI 需要配合软件使用，必须安装 VCI 软件及相关的驱动程序到电脑上，电脑参数的配置要求见表 1-1。

表 1-1　电脑参数的配置要求

配置项	参数（推荐）	参数（最低）
主频	2GHz 以上 CPU	1.5GHz 以上 CPU
内存	1GB 以上	512MB 以上
硬盘剩余空间	2GB 以上	1GB 以上
USB 接口	USB2.0 全速或高速	USB2.0 全速或高速
WLAN	WLAN 无线网卡（WPA/WPA2 + PSK）	WLAN 无线网卡（WPA/WPA2 + PSK）
LAN	10Mbit/s 或 100Mbit/s 以太网卡	10Mbit/s 或 100Mbit/s 以太网卡
显示分辨率	1280×800 以上，32 位以上颜色深度	1024×768 以上，16 位以上颜色深度
操作系统	Windows XP/Windows7	Windows XP/Windows7

2. KT700 VCI 的安装步骤

KT700 VCI 软件安装步骤如下：

1）从厂家提供的 CD 光盘或官方网站获取安装文件 KT700 SETUP. EXE。
2）双击运行 "KT700 SETUP. EXE"。
3）单击 "下一步" 按钮，界面将显示用户许可协议，单击 "我接受" 按钮。
4）选择软件安装的目标文件夹，默认为 C 盘，可以单击 "浏览" 按钮，选择所需要的安装文件夹；程序会自动检测选择的目标磁盘已用和剩余的空间。
5）单击 "安装" 按钮，软件正在安装中，等待安装结束。
6）安装完成后，若选中 "运行 KT700"，单击 "完成" 按钮，安装完成，并运行 VCI

软件；若不选中，安装结束，不会运行 VCI 软件。

7）安装完成后，将在电脑桌面显示其快捷方式，双击即可运行 VCI 软件。

3. 软件卸载

成功安装完软件后，在开始菜单的程序子菜单下会显示 KT700 的文件夹。直接单击"卸载"项，进入卸载操作。根据界面提示操作，直到卸载完成。

二、VCI 主机及设备连接

1. 主机标识

VCI 主机标识见表 1-2。诊断仪的诊断端口及连接端口如图 1-1、图 1-2 所示。

表 1-2　主机标识

标识	描述
	电源指示灯，黄色为电源接通正常
	电脑通信指示灯，绿色为有线连接，黄色为无线连接
	故障指示灯，红色表示 VCI 存在故障
	ECU 通信指示灯，绿色为 CAN 通信方式，黄色为其他通信方式
	行车记录仪按键标识，方便快速进入行车记录的操作

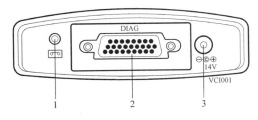

图 1-1　诊断端口

1—数据记录接口　2—诊断接口　3—电源接口

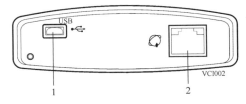

图 1-2　连接端口

1—USB 通信接口　2—网络通信接口

2. 设备连接

根据使用功能的不同，设备连接方式分为诊断连接、自检连接、固件升级连接 3 种。

（1）诊断连接　诊断连接如图 1-3 所示，使用之前，必须确保 VCI、电脑、汽车 ECU 三者正常连接，连接方式主要有 USB 连接、LAN 连接、WLAN 连接。默认的诊断连接方式为 USB 连接，若三种方式都连接正常，优先使用 USB 连接方式。

注意：PC 与 VCI 主机连接，除了通过 USB 或网线，还可以通过 WLAN 连接；诊断时可采用汽车诊断座、点烟器供电线或蓄电池夹供电线的取电方式。

（2）自检连接　自检连接如图 1-4 所示。

注意：VCI 主机自检时，PC 与 VCI 主机除了通过 USB 通信线或网线连接之外，还可以通过 WLAN 连接。

(3) 固件升级连接　固件升级连接如图 1-5 所示。

注意：激活或升级时，要保证电脑可以正常访问 Internet。

三、VCI 系统设置

1. 系统设置

系统设置包括语言设置、系统信息、用户信息、代理设置、产品激活。

(1) 语言设置　VCI 提供多种语言系统，可供进行语言切换。操作方法如下：

1) 进入语言设置模块，在"请选择语言种类"选框内选择所需要的语言。

2) 单击"确定"按钮，界面提示"系统重启后生效！"。

3) 重启 VCI 软件即可。

(2) 系统信息　系统信息包括产品序列号、仪器类型、机型、软件版本、激活状态。

(3) 用户信息　如图 1-6 所示，用户信息包括：联系人、联系电话、维修站名称、维修站代码、维修站地址、备注。操作方法如下：

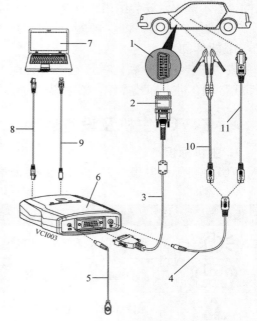

图 1-3　诊断连接

1—汽车上的诊断座　2—各种诊断插头　3—测试延长线
4—电源延长线　5—记录延长线　6—VCI 主机
7—电脑　8—网线　9—USB 通信线
10—蓄电池夹供电线　11—点烟器供电线

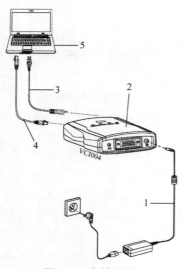

图 1-4　自检连接

1—14V 电源适配器　2—VCI 主机　3—USB 通信线
4—网线　5—电脑

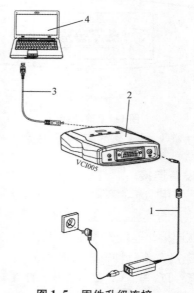

图 1-5　固件升级连接

1—14V 电源适配器　2—VCI 主机
3—网线　4—电脑

1) 在所有"*"标示的输入框内输入信息。

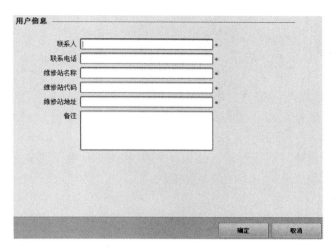

图 1-6　用户信息

2）单击"确定"按钮，即保存输入的用户信息；如果单击"取消"按钮，将不会保存输入的用户信息。

注意：用户信息与打印时要输入的信息一样，可以在此保存用户信息后，打印时不需要再次输入。

（4）代理设置　此功能是设置电脑连接 Internet 是否需要使用代理服务器，默认方式是不使用代理服务器。使用代理服务器的设置方法如下：

1）选中"使用代理服务器"。

2）在地址和端口输入框内输入地址和端口信息。

3）可以设置用户名和密码，对设置进行保护。

4）单击"确定"按钮即可。

（5）产品激活　如果产品没有激活，将无法使用 VCI 进行诊断，只能看测试演示。操作方法如下：

1）检查 VCI 主机和电脑连接是否正常，若连接正常，VCI 软件会自动检测产品序列号。

2）如图 1-7 所示，仔细阅读界面提示后，单击"激活"按钮，系统自动检测网络，若网络不正常，界面显示"网络连接超时！"。

图 1-7　产品激活

3）若网络正常，进入填写用户信息界面，根据界面提示输入信息；若信息填写不正确，将提示重新填写。

4）若所有信息输入正确，单击"下一步"按钮，界面将提示"产品已成功激活！系统重启后生效！"。

5）重新启动 VCI 软件，即可正常使用。

注意：用户名由字母或数字组成，长度范围是 3~16 个字符；密码长度范围是 6~16 个字符。

用户名用于升级登录，不能重复，建议使用实名注册；电子邮箱用于找回密码，要填写常用邮箱；提交用户信息时记住用户名和密码。

2. 软件系统升级

软件系统升级包括软件升级、VCI 固件升级。此功能只有在产品激活之后才可使用。若没有激活，界面显示"未激活"。

(1) 软件升级　软件升级包括：应用软件升级和诊断数据升级。操作方法如下：

1）系统自动检测电脑上安装的应用软件和诊断数据的当前版本。

2）单击"检测新版本"按钮，若激活后没有修改用户名和密码，系统会自动登录并检测最新的版本，并显示在"最新版本"栏；若激活后已修改密码，系统会进入用户登录界面，输入用户名和密码后再检测新版本。

3）如图 1-8 所示，若检测到新版本，界面将显示"下载"按钮。

图 1-8　检测新版本显示

4）单击"下载"按钮，等待下载完成，可以通过下载进度条监控下载进度。

5）下载成功后，单击"安装"按钮，根据界面提示安装升级包。

6）重新启动软件即可使用最新版本的应用软件和诊断数据。

注意：登录时，若用户名或密码输入错误，系统将提示，错误次数不能超过 3 次；若超过 3 次，必须等待 15min 后才能重新输入。

(2) VCI 固件升级　若 VCI 固件升级了最新版本，当启动 VCI 软件时，系统自动提示"VCI 固件升级"。根据界面提示操作，直到升级完成。

手动升级操作方法如下：

1）图 1-9 所示为 VCI 固件升级界面，单击"升级"按钮，根据界面提示信息操作。

2）等待升级完成，若升级成功，界面提示"升级成功"；若升级失败，界面提示"升级失败！"。

VCI 固件升级时，VCI 与电脑只能通过 USB 端口连接；若没按界面提示操作，将提示

"升级失败，确认是否正常操作，重新进行升级，松开按钮！"。

3. VCI

VCI 包括 VCI 通信设置、VCI 信息、VCI 自检。

（1）VCI 通信设置　VCI 通信设置包括：USB 设置、有线网络设置、无线网络设置。

1）USB 设置。如图 1-10 所示，当 VCI 与电脑正常连接后，系统自动匹配可用串口列表。操作方法如下：

① 在"可用串口列表"中选择串口名，单击"自动连接测试"按钮，测试可用的串口。

② 测试成功后，系统自动提示是否需要保存设置。

③ 单击"是"按钮，保存测试成功的串口，并将结果显示在测试结果显示框内。

2）有线网络设置。有线网络设置包括点对点模式和路由模式。

① 点对点模式操作方法：

a. 选择点对点模式。

b. 输入相关信息。

c. 单击"自动连接测试"按钮，等待测试结束。

d. 测试完成后，测试结果显示在结果显示框内。

② 路由模式操作方法：

a. 选择路由模式。

b. 输入相关信息。

c. 单击"自动连接测试"按钮，等待测试结束。

d. 测试完成后，测试结果显示在结果显示框内。

3）无线网络设置。无线网络设置包括点对点模式和路由模式。确认电脑无线连接已正常。

图 1-9　VCI 固件升级界面

图 1-10　USB 设置

① 点对点模式操作方法：

a. 选择点对点模式。

b. 搜索可用的无线网络，并建立连接。

c. 选择可以连接的无线网络，单击"确定"按钮，界面将显示 VCI 连接到的网络的所有信息。

d. 单击"自动连接测试"按钮，等待测试完成。

e. 测试完成后，测试结果显示在结果显示框内。

② 路由模式操作方法：

a. 选择路由模式。

b. 单击"扫描网络"按钮，搜索可用的无线网络。

c. 选择可以连接的无线网络，单击"确定"按钮，界面将显示 VCI 连接到的网络的所有信息。

d. 单击"自动连接测试"按钮，等待测试完成。

e. 测试完成后，测试结果显示在结果显示框内。

（2）VCI 信息　VCI 信息包括序列号和固件（VCI）软件版本，VCI 与电脑正常连接后，系统自动检测。

（3）VCI 自检　此功能用来检测 VCI 是否正常。操作方法如下：

1）保证 VCI 与电脑正常连接。

2）单击"开始自检"按钮，等待自检完成，显示检测结果。

注意：VCI 自检时，必须断开 VCI 与测试延长线的连接。

四、汽车诊断

1. 测试条件

汽车诊断主界面如图 1-11 所示，相应说明见表 1-3。打开汽车电源开关；汽车蓄电池电压等级为 12V 或 24V；VCI 主机与 PC 联机已建立。

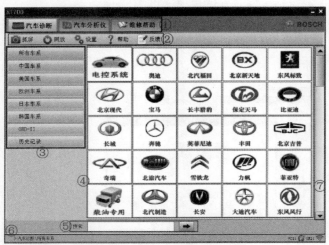

图 1-11　汽车诊断主界面

表1-3 汽车诊断主界面相应说明

序号	说明
①	主功能区,包括汽车诊断、汽车分析仪、维修帮助
②	系统功能区,包括抓屏、回放、设置、帮助、反馈
③	车系显示区,包括所有车系、中国车系、美国车系、欧洲车系、日本车系、韩国车系、OBD-Ⅱ、历史记录
④	可测车型显示区,每个车系可以测试的所有车型
⑤	附加功能显示区,包括品牌搜索
⑥	状态栏,包括诊断路径、VCI连接状态、VMI连接状态
⑦	滚动条,当显示内容超过一屏时,可以拖动滚动条查看多屏的内容

2. 主机供电

VCI主机有以下四种供电方式,可以根据需要进行选择:

1)交流电源供电。找到包装箱内VCI标准配置的电源适配器,其中一端连接在VCI主机的电源供电端口,另一端连接至100~240V交流插座。

2)汽车蓄电池夹供电。找到包装箱内VCI标准配置中的电源延长线和蓄电池夹供电线,其中一端连接在VCI主机的电源供电端口,另一端连接至汽车蓄电池。

3)点烟器供电。找到包装箱内VCI标准配置中的电源延长线和点烟器供电线,其中一端连接在VCI主机的电源供电端口,另一端连接至汽车点烟器。

4)通过汽车诊断座供电。

3. 选择进入诊断系统的方式

进入诊断系统的方式有手动选择、品牌搜索、历史记录三种,可以根据所了解的信息,选择更熟悉的进入方式。

(1)手动选择 用户可以手动选择相对应的车型、相对应的系统、相对应的系统功能,进入诊断操作。

例如:单击"中国车系"→"奇瑞"→"风云"→"发动机"→摩托罗拉电喷系统,然后再选择要测试的系统功能进行诊断测试。

(2)品牌搜索 根据输入的信息,搜索相对应的车型品牌,支持汉字或品牌拼音搜索。操作步骤如下:

1)在搜索框内输入CHANGAN。

2)单击右侧 按钮或按回车键,即可找到长安品牌进行诊断测试。

注意:不能输入空格,输入拼音字母不区分大小写,若输入的品牌名称不正确,界面将提示"未找到搜索的品牌"。

(3)历史记录 通过历史记录进入想要诊断的车型系统,前提是以前必须诊断过该车型系统。历史记录只能保存最近测试的30个车型。

注意:为方便快速选择车型,建议使用手动选择或品牌搜索进入诊断系统。

4. 诊断

(1)诊断系统主界面介绍 诊断系统主界面如图1-12所示,进入诊断系统后,VCI软件界面将显示此系统能够实现的所有诊断功能。

①—诊断功能显示区：显示该系统的所有诊断功能
②—诊断功能帮助信息显示区：显示诊断功能的帮助信息，支持文字、图片信息
　　：单击此按钮，即可返回诊断主界面。可在菜单选择、读故障码、读数据流界面看到此按钮
　　：诊断帮助按钮，若有帮助信息，显示此按钮，反之则不显示

图 1-12　诊断系统主界面

（2）读版本信息　读取被测试系统的电脑信息，读取的信息根据车型或系统的不同而不同。一般更换车辆控制单元时，需要读出原控制单元信息并记录，以作为购买新控制单元的参考，对新的控制单元进行编码时，需要原控制单元信息。操作方法如下：

1）进入诊断功能后，单击"读版本信息"，弹出对话框显示的是汽车电脑的相关信息，包括软件版本、硬件版本、零件号等信息。

2）单击"确定"按钮，退出此功能。

（3）读故障码　读故障码功能可以读取被测试系统 ECU 存储器内的故障码，帮助维修人员快速地查到引起车辆故障的原因。

1）读故障码操作方法：

① 进入诊断功能后，单击"读故障码"。

② 如图 1-13 所示，打开读故障码界面，显示内容包括故障码的内容、状态（是现行故障还是偶发故障）、冻结帧、帮助。

图 1-13　读故障码

③ 单击"退出"按钮，退出此操作。

注意：系统测试正常时，将显示"系统正常"，界面不会显示"清码"按钮。

如果该故障码有冻结帧和帮助信息，图标将显示为蓝色；反之为灰色不可用状态。

2）故障码帮助信息：显示对应故障码的帮助信息。

操作方法：选择某条故障码，单击"故障码帮助信息"按钮，界面显示该故障码的帮助信息，帮助维修人员快速找到问题，并解决。

注意：此界面独立于诊断软件，为独立窗口。

3）读冻结帧。冻结帧功能是发动机管理系统对故障码功能的补充，主要用于冻结发动机故障触发时发动机的相关工况，帮助维修人员了解故障发生时的整车工况。操作方法如下：

① 选择某条故障码，单击"读冻结帧信息"，进入读冻结帧界面，每条冻结帧最多可显示5组数据。

② 单击"退出"按钮，退出此功能。

注意：此功能还可以通过诊断功能区的读冻结帧进入，此时只是读普通数据流的冻结帧，通常只显示1组数据。

(4) 清故障码　清除被测试系统 ECU 内存储的故障码的操作方法如下：

1）进入诊断功能后，单击"清故障码"，弹出对话框将显示清除条件。

2）完成清故障码功能后，界面显示"清码命令已执行"。

3）单击"确认"按钮，退出清故障码功能。

注意：①一般车型严格按照常规顺序操作：先读故障码并记录（或打印），然后再清除故障码，试车，再次读取故障码进行验证，维修车辆，清除故障码，再次试车确认故障码不再出现。

② 当前硬性故障码是不能被清除的，如果是氧传感器、爆燃传感器、混合气修正、气缸失火之类的技术型故障码虽然能立即清除，但在一定周期内还会出现，需要彻底排除故障之后故障码才不会再出现。

(5) 读数据流　通过各数据流的值或状态，可判断汽车各部件是否有故障。

1）读数据流操作方法如下：

① 进入诊断功能后，单击"读数据流"，弹出读取数据流对话框。

② 单击"全选"复选框，选择所有数据流；也可以只单击每条数据流前的复选框，选择想要读取的数据流。

③ 单击"读取数据流"按钮，界面将显示数据流的名称、结果和单位（图1-14）。

④ 单击"退出"按钮，退出读数据流功能。

注意：读取数据流时，可以暂停读取，方便用户查看数据流的结果；单击"暂停"按钮后，该按钮会变为"继续"。

2）数据捕捉。记录当前测试到的数据流的操作方法如下：

① 单击"数据捕捉"按钮，开始记录数据流的当前值；用户可通过翻页记录所有数据流，如果不翻页则只记录当前屏显示的数据流。

② 单击"保存"按钮，输入文件名，保存读取到的数据流。

注意：在没有进行数据捕捉功能前，"保存"按钮为灰色不可用状态。

图 1-14　读取数据流

3）数据比较。通过比较数据流当前值和保存的数据流的历史值，判断相关部件是否处于良好的工作状态。操作方法如下：

① 单击"比较"按钮，弹出打开对话框，将显示所有可以打开的数据流文件。

② 选择某条数据流文件，单击"打开"按钮，界面显示当前读取的值和历史记录的值（图 1-15）。

图 1-15　数据比较

注意：数据流存放路径是系统指定路径，不可更改；黑色字体为当前值，绿色字体为记录的历史值。

4）数据保存。保存当前捕捉的所有数据流的值的操作方法如下：

① 单击"保存"按钮，弹出保存对话框，保存路径为系统指定的路径，且不能修改。

② 输入文件名，单击"保存"，界面将显示"数据已保存"。

③ 单击"确定"，完成数据流的保存，"保存"按钮变为灰色不可用状态。

5）数据清除。清除数据比较的操作方法：单击"清除"按钮，即清除数据比较的历史值；同时，"清除"按钮变为"比较"按钮。

6）数据流值显示方式。数据流值的显示方式有数值、波形、控件三种，默认的显示方式是数值显示。操作方法如下：

① 读取数据流后，读取的数据流的值以数值方式显示。

② 单击"数值"按钮，在弹出项中选择"波形"，数据流的值会以波形显示，且"数值"按钮变为"波形"按钮。

③ 单击"波形"按钮，在弹出项中选择"控件"，则数据流的值会以控件形式显示，且"波形"按钮变为"控件"按钮。

④ 单击"控件"按钮，在弹出项中选择"数值"，则数据流的值会以数值形式显示，且"控件"按钮变为"数值"按钮。

注意：当前数据流以什么方式显示，按钮也会变为与显示方式一致。

（6）行车记录仪　行车记录仪主要用于对ECU中某些数据进行较长时间的记录，同时可记录多条不同的数据，每条数据流最多可以连续记录2h。记录过程中随时可对数据进行存储，数据将以.REC的格式保存到指定的文件夹下。

在读数据流界面，单击行车记录按钮，进入行车记录界面（图1-16）。

图1-16　行车记录界面

1）参数说明：

① 周期：系统会根据所选择的周期，自动匹配可以选择的数据流条数。系统提供3个周期选择项，分别是250ms、500ms、1000ms，默认值是250ms。

② 最大记录条数：根据周期，自动匹配最大的记录条数，并显示。

③ 记录时间：可手动设置，记录时间最小为10min，最大为120min，默认为120min。

④ 触发时间：可手动设置，触发时间最小为20s，最大为120s，默认为20s。

2）操作方法：

① 选择所需要的周期值。

② 选择所需要记录的时间。

③ 选择所需要的触发时间。

④ 选择所需要记录的数据流，如果没有选择数据流，记录按钮是灰色不可用状态；如果选择的数据流条数大于显示的最大记录条数，系统会弹出警告对话框提示。

⑤ 单击"记录"按钮，开始记录。

⑥ 再次单击"记录"按钮，停止记录，在弹出的保存对话框中输入文件名，单击"保存"即可保存当前记录的数据。

3) 触发记录：单击此按钮，VCI 自动保存此时前后触发时间内的数据流数据到系统默认的固定路径，支持数据流回放。

4) 开始记录的方法（前提是进入行车记录功能的软件界面后）：在行车记录功能软件界面单击"记录"按钮；按 VCI 主机上的"记录"按钮；将记录线一头与 VCI 主机正常连接，按记录线另一头的按钮。记录线的使用：长按（蜂鸣器连续响 3 声）表示开始或停止行车记录功能，短按（蜂鸣器响 1 声）表示触发记录；记录数据保存的路径是系统默认的，且不可更改；用户可通过屏幕上的时间进度条监控数据记录的时间。

(7) 数据流回放　回放保存的数据流数据，有助于及时地发现故障。操作方法如下：

1) 完成数据流记录的保存操作后，"载入回放"按钮自动变为可用状态，单击"载入回放"按钮，选择所需要回放的数据文件。

2) 单击播放▶按钮，开始回放。同时，播放按钮变为暂停⏸按钮。

3) 还可以单击停止■按钮，停止数据流的回放，以便仔细观察数据流是否正常。

4) 如果想导出回放的数据流，单击"导出"按钮，选择文件夹目录，单击"保存"按钮即可。文件以﹡.CSV 格式保存到所指定的位置。

5) 单击"退出回放"，即退出数据流回放功能。

注意：还可以通过软件主界面的"回放" 回放 按钮，进入数据流回放功能。

(8) 动作测试　动作测试的目的是测试电控系统中的执行元部件能否正常工作。操作方法如下：

1) 进入诊断功能后，选择"动作测试"，界面将显示所有可以操作的动作测试。

2) 单击某条，进入动作测试界面。动作测试包括三种状态：打开、关闭、退出。

3) 单击"打开"，动作测试的状态为打开。

4) 单击"关闭"，动作测试的状态为关闭。

5) 单击"退出"，退出此动作测试。

(9) 高级功能　除基本功能以外的其他功能为高级功能，这些功能可以修改 ECU 内部信息。例如：IQA 码刷写、保养灯归零等。操作方法：进入某条高级功能后，根据界面提示操作，直到完成。

5. 诊断相关的其他功能

(1) 打印功能　打印功能包括：打印当前屏、打印检测记录、打印诊断报告。

1) 打印当前屏。打印当前屏幕显示内容的操作方法如下：

① 选择"打印"→"打印当前屏"。

② 选择打印方式，打印或打印到文件，开始打印即可。

注意：打印当前屏时，不需要输入任何信息，直接打印当前屏幕显示的所有信息。

2) 打印检测记录。打印当前检测信息的操作方法如下：

①选择"打印"→"打印检测记录";只有进行了读故障码、读数据流、读冻结帧任一检测功能后,此按钮才是可用状态,否则为灰色不可用状态。

②填写检测记录的相关信息,有"*"标示的内容都必须填写,否则不可打印。若用户信息已保存,则不需要填写。

③选择打印方式,打印或打印到文件,开始打印即可。

3)打印诊断报告。打印诊断报告的操作方法如下:

①选择"打印"→"打印诊断报告",只有进行了版本信息、故障码、数据流任一功能后,此按钮才是可用状态,否则是灰色不可用状态。

②选择需要打印的诊断报告,同时可以打印版本信息、故障码、数据流三项的诊断报告,前提是必须进行了这3项诊断功能操作;若只进行了读版本信息,则故障码和数据流都为灰色不可打印状态。

③填写诊断报告的相关信息,有"*"标示的内容都必须填写,否则不可打印;若用户信息已保存,则不需要填写。

④选择打印方式,打印或打印到文件,开始打印即可。

4)打印到文件。将需要打印的内容,打印成*.JPG格式的图片文件,操作方法如下:

①选择"打印到文件",弹出保存对话框。

②选择文件所要保存的路径。

③输入文件名称。

④单击"保存"按钮即可。

(2)图片浏览 此功能可方便用户浏览图片,双击图片即可进入图片浏览。

(3)抓屏 捕捉当前窗口信息,系统将以.JPG格式的文件保存到默认路径(如KT700/SCREENSHOTS/),且不可修改。文件名是系统自动分配的。

第二节 KT600 汽车专用示波器

金德 KT600 汽车专用示波器是博世汽车检测设备(深圳)有限公司独立开发完成的一款汽车专用示波器,它可以实时采集点火、喷油、电控系统传感器的波形,通过对传感器波形的分析可以准确地诊断传感器是否故障,通过对点火波形的分析不仅可以诊断点火系统的火花塞、高压线、点火线圈等各元器件故障,还可以分析出进气系统和燃油系统的可能故障点,为汽车的运行技术状况和故障诊断提供科学的依据。

一、KT600 汽车专用示波器简介

1. 基本功能

1)示波器功能实现次级点火波形的实时显示。

2)高速五通道汽车专用示波器,并可以进行参考波形存储。

3)汽车初级、次级点火波形分析,有纵列、三维、阵列、单缸等多种次级波形显示方式,并显示点火击穿电压、闭合角、燃烧时间等。精确的点火同步可自动检测点火信号极性,无论是分电器点火、独立点火、双头点火都能可靠检测,相当于一台手持式发动机分析仪。

4）通用示波器功能，记录仪功能，发动机分析仪功能（选配）。

2. 设备配置及参数

金德 KT600 的各项配置参数见表 1-4 ~ 表 1-6。

表 1-4 主机配置与参数

项目	指标
供电电压	DC 12V
操作温度	-30 ~ 50℃
相对湿度	< 90%
串行口	标准 RS232（PS/2 口）
CF 卡接口	供插拔 CF 卡

表 1-5 示波器性能参数

项目	指标
通道数目	5 通道
采样频率	20MHz
采样精度	双 8 位
电压量程	20mV/格 ~ 20V/格
扫描时间	2.50μs ~ 2s/格

表 1-6 硬件配置

系统硬件	指标
CPU	32 位嵌入式芯片
主频	80MHz
闪存	超大容量 FLASH 可反复擦写
外存	CF 卡，可任意扩展
显示器	6.4 in LCD 触摸真彩屏
打印机	热敏式微型打印机

3. 设备结构

（1）KT600 主机 KT600 主机的正面视图如图 1-17 所示，背面视图如图 1-18 所示，上接口视图如图 1-19 所示，下接口视图如图 1-20 所示。

（2）随机附件 KT600 汽车专用示波器的随机附件包括示波连接线、电源线等，见表 1-7。

第一章 通用型汽车诊断仪器

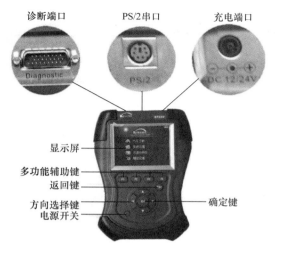

图1-17 正面视图 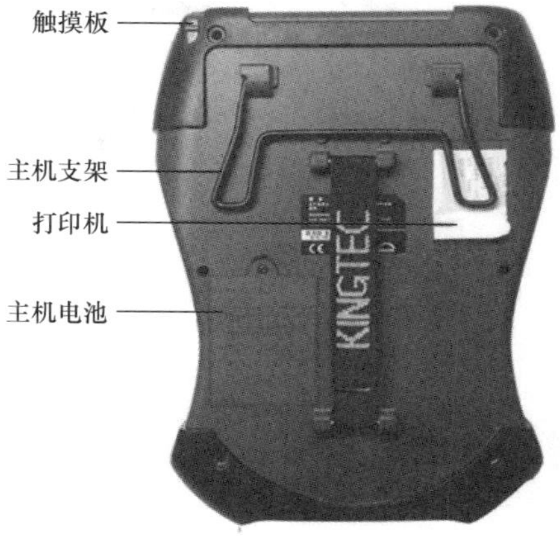　　　　　图1-18 背面视图

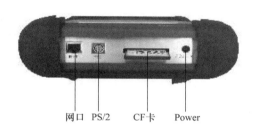

网口：　直插网线可实现在线升级
PS/2：　可外接键盘和鼠标，也可通过转接线转成串口和USB口
CF卡：　CF卡插口
Power：　接这个端口给主机供电

图1-19 上接口视图

示波通道1　示波通道2　触发通道　示波通道3　示波通道4

图1-20 下接口视图

表1-7 KT600汽车专用示波器的随机附件

图　片	名　称	功　能
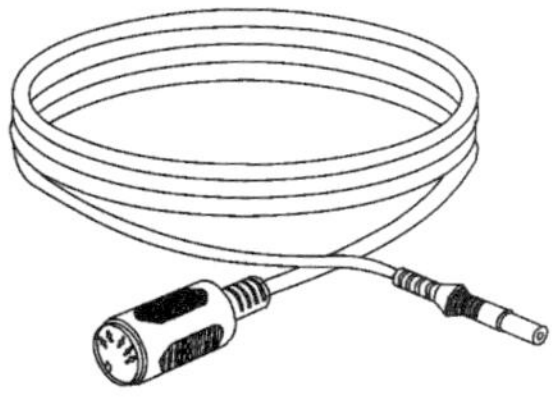	电源延长线	给主机提供电源，可以连接汽车点烟器接头或者汽车鳄鱼夹

17

（续）

图　片	名　称	功　能
	汽车点烟器插头	连接电源延长线和汽车点烟器给主机供电
	汽车鳄鱼夹	连接电源延长线和汽车蓄电池给主机供电
	测试探针	连接到通道 CH1、CH2、CH3、CH4 输入，带接地线，可以 ×1 或者 ×10 衰减
	示波延长线	可以连接 CH1、CH2、CH3、CH4 通道，主要功能是延长输入信号线
	一缸信号夹	连接 CH5 通道，可以检测发动机转速
	容性感应夹	可以接 CH1、CH2 通道，感应次级点火信号
	示波连接线	可以对接地线或者信号线进行延长，方便连接

第一章 通用型汽车诊断仪器

二、基本功能与操作

1. 主菜单概述

在主界面上选择示波器分析仪，确认进入菜单（图 1-21）。只要在 KT600 的菜单里按上下方向键选择需要检测项目，按［Enter］键可以进入下一级菜单，直到选择需要的测试项目，按［Exit］键可以返回上级菜单。

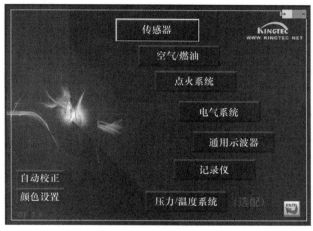

图 1-21　主菜单

2. 通用型示波器的调整方法

一般情况下，汽车专用示波器的波形显示不需要调整，当要做超出汽车专用示波器标准菜单以外的测试内容时，可以选择通用示波器功能，也就需要掌握一定的调整方法，在汽车专用示波器测试过程中如果有相似菜单，调整方法也相同。

选择通用示波器，按［Enter］键确认，如图 1-22 所示，在屏幕上有 10 个选项：通道、周期、电平、幅值、位置、停止、存储、载入、光标、触发、打印、退出以及三个功能选项：通道设置、自动设置、配置取存，按左右方向键可以对选择项目进行调整。

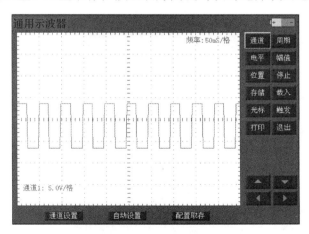

图 1-22　通用示波器的功能选择

（1）通道调整　按功能键可以选择通道 1（CH1）、通道 2（CH2）、通道 3（CH3）、通道 4（CH4）任意组合方式，如图 1-23 所示。

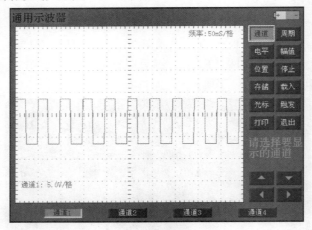

图 1-23　通道的选择

（2）周期调整　选择周期调整，按上下键可以改变每单格时间的长短，如果开机时设定的是 10ms/格，按向下键则会变为 5ms/格，波形就会变稀，按向上键则会变为 20ms/格，波形会变密。

（3）电平调整　对纵轴的触发电平进行调整，对于同一波形，选择不同的触发电平，波形在显示屏上的位置就会跟着变化。如果触发电平的数值超出波形的最大最小范围时，波形将产生游动，在屏幕上不能稳定住。

（4）幅值调整　按上下方向键可以调整纵向波形幅值的大小，KT600 可以选择 1∶500、1∶200、1∶100、1∶0.5、1∶1.0、1∶2.5、1∶5、1∶10 和 1∶20。

（5）位置调整　选择位置调整可以对波形的上下显示位置进行调整，按向上方向键，波形就会上移，按向下方向键，波形就会向下移动。

（6）触发方式调整　选择触发方式调整在高频（<50ms/格）可以对波形的触发起点进行调整，使用功能键可以选择触发的方式：上升沿触发、下降沿触发和电平触发，如图 1-24 所示。

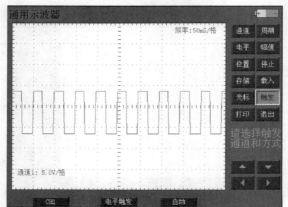

图 1-24　触发方式调整

(7) 波形的存储和载入 在选择通用示波器时，如果要存储当前波形，选择存储（如果是刷新频率≥50Hz/格，系统会等待采集完当前屏波形后自动冻结波形），弹出文件存储的人机界面，用户可以设定存储波形的名字，然后保存波形数据（最多支持保存 64 个文件），保存完以后系统会自动退出存储界面。

如果要载入已储存的波形，选择载入，要是波形文件存在，系统将会自动浏览到系统已保存的文件，用户可以根据自己的需要调出波形。单击"退出"/按［Esc］键可以退出载入界面，如图 1-25 所示。

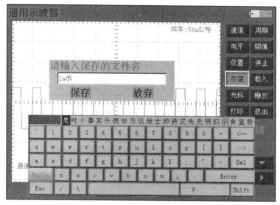

图 1-25 波形的存储和载入

(8) 配置取存 该功能主要是方便用户快捷地调整好波形的参数，例如：用户同时测试了 4 个传感器的波形，使用了 4 个通道，CH1——200mV/格；CH2——1V/格；CH3——0.5V/格；CH4——5V/格；频率：20ms/格；调整好各个通道的位置，使波形清晰地显示到界面。

然后选择配置取存，可以保存当前配置到文件"4 通道传感器测试"；要是下次再测试 4 个通道的传感器的波形，用户就不需要再调节这些繁琐的参数，只需单击"配置取存"→"载入配置"，波形就可以快速清晰地显示出来。依此例子，任意有"配置取存"的界面都具备这一功能。这样的配置每个界面最多可以存 64 个配置文件。下面介绍具体的操作流程，保存当前配置或载入配置如图 1-26 所示。

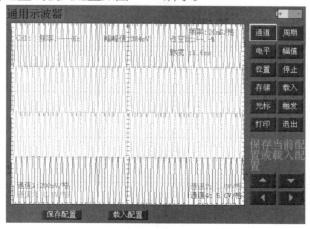

图 1-26 保存当前配置或载入配置

选择保存配置时，可以保存当前的配置参数，其文件名可以是字母、数字、中文字符，如图1-27所示。

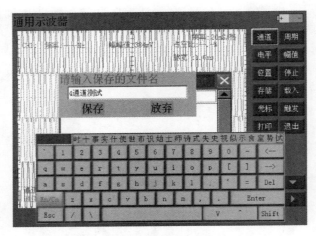

图1-27　可对保存的当前配置参数命名

选择载入配置，可将保存的配置参数载入当前界面，如图1-28所示。

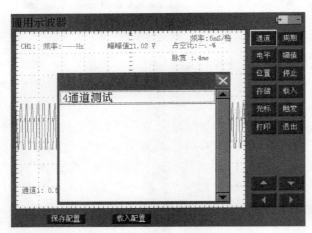

图1-28　将保存的配置参数载入当前界面

3. 传感器信源参数选择调整

在传感器菜单中可以通过选择信源参数调整所需要观察的通道的参数，如图1-29所示。

4. 传感器波形参考功能

该功能方便用户在测试传感器波形的时候，可以把标准的传感器波形和当前测试的传感器作比较，用户可以直观地看出当前传感器的好坏。为实现该功能，用户先要采集标准的传感器波形，存储到系统中，然后才可以进行回放波形、波形比较。系统最多可以存储64个波形文件。波形参考有三种功能：采集波形、回放波形、波形比较，如图1-30所示。

选择采集波形，可将当前波形保存，其文件名可以是字母、数字、中文字符，如

第一章 通用型汽车诊断仪器

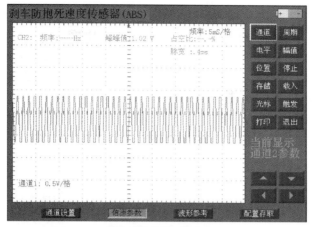

图1-29 选择所需要观察的通道的参数

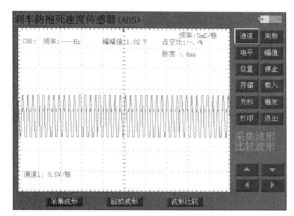

图1-30 采集波形和比较波形

图1-31所示。

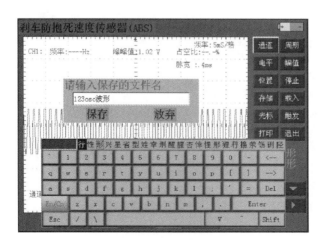

图1-31 保存当前采集波形

23

选择回放波形，可将采集的波形回放，如图 1-32 所示。

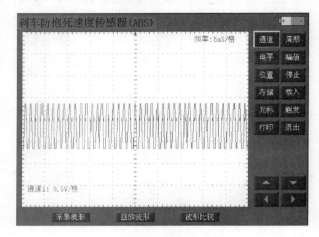

图 1-32　将当前采集的波形回放

选择波形比较，可将采集的波形与当前波形进行比较。载入采集波形后，会与当前波形放在同一位置，可以调整其位置来比较两波形，如图 1-33 所示。

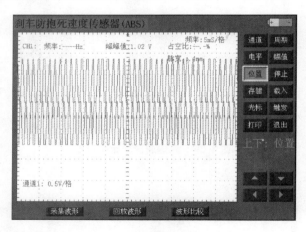

图 1-33　采集的波形与当前波形进行比较

5. 压力/温度系统选择调整（选配）

在压力/温度系统菜单中可以直接观察到转速和当前的波形，如图 1-34 所示。

在压力/温度系统菜单中选择数字显示，可以直接观看到当前数值的显示，如图 1-35 所示。

三、传感器测试应用

此处介绍汽车电控系统中常见传感器的波形测试方法和波形分析，目的是帮助学习仪器的使用方法，但并不是对所有车型适用，一般提供的是常用的典型指标，具体车型可以参照原厂维修手册。

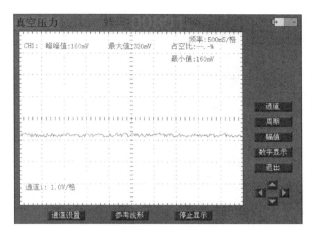

图1-34 压力/温度系统菜单中可以直接观察到转速和当前的波形

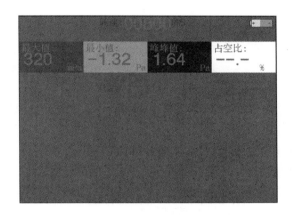

图1-35 选择数字显示可直接观看到当前数值的显示

1. 歧管绝对压力传感器（MAP）

歧管绝对压力传感器提供发动机负荷信号给发动机控制单元（ECU），一般为频率调制的方波信号或电压电平信号（取决于制造商），经过ECU处理后，用以改变燃油的混合比及其他输出值。

当发动机负荷增加时，歧管压力增大，反之歧管压力低，已损坏的MAP传感器在发动机加速及减速时会影响空燃比，同时也对点火正时及其他电脑输出值产生一定影响。

（1）连接设备 连接KT600和电源延长线，根据被测试车型的蓄电池位置选择蓄电池供电或者点烟器供电，这里的连接图都是以蓄电池供电为例，如果选择点烟器接头，先确认点烟器是否有12V蓄电池电压。将测试探头接入通道1（CH1端口），然后将测试探头上的小鳄鱼夹接蓄电池负极或搭铁，用测试探针插入歧管绝对压力传感器（MAP）传感器触发信号线，连接方法如图1-36所示。

（2）测试条件 打开汽车点火开关，不起动发动机，使用手动真空泵模拟真空，将其接至歧管绝对压力传感器的真空输入端。发动机运转，监测由怠速渐渐加速的信号。

（3）测试步骤

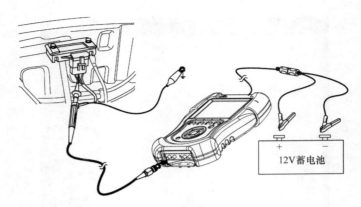

图 1-36 检测设备的连接

1）按照图 1-36 所示连接好设备，打开 KT600 电源开关。
2）在金德仪器主菜单中按上下方向键选择示波分析仪，按［Enter］键确认。
3）在汽车专用示波器菜单中选择传感器，按［Enter］键进入汽车传感器选择菜单。
4）选择歧管绝对压力传感器（MAP），按［Enter］键确认，根据测试条件，屏幕将会显示波形。
5）必要时可以通过选择周期、幅值、电平等参数，然后按方向键改变波形，也可以选择停止键，按停止键冻结波形后，选择存储，将波形保存进 CF 卡供以后修车参考，选择参考波形键，还可以保存为参考波形同时与测试波形比较。

（4）波形分析　除了福特的歧管绝对压力传感器是数字输出信号以外，一般都输出模拟量。模拟量的歧管压力传感器在真空度高时产生对地电压信号接近 0V，真空度低时（接近大气压力）产生的对地电压信号高，接近 5V，不同厂家指标可能不同。

许多福特和林肯车上安装的是数字式歧管绝对压力传感器，数字量的输出波形应该是幅值满 5V 的脉冲，同时形状正确、波形稳定、矩形方角正确、上升沿垂直。频率与对应真空度应符合维修资料给定的值。

一般数字式、模拟式歧管绝对压力传感器的波形参考图如图 1-37、图 1-38 所示。

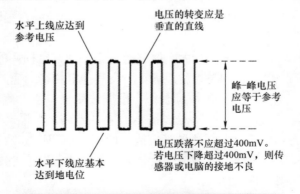

图 1-37　数字式歧管绝对压力传感器的波形

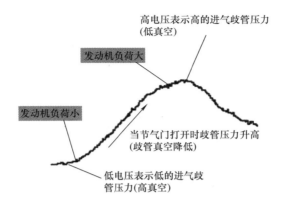

图 1-38　模拟式歧管绝对压力传感器的波形

2. 曲轴、凸轮轴位置传感器

该传感器可以对电磁感应式、霍尔效应式和光电式传感器进行波形测试。电磁感应式传感器（可变磁阻传感器）不需外部电源，它由两条屏蔽线连接在静磁线圈上，当触发轮通过线圈和静磁铁的磁场时就会有小电压信号产生，触发轮是由低磁阻的钢制造的。曲轴位置传感器（CPS）、ABS 车轮传感器和汽车速度传感器都是可变磁阻的例子，输出的电压和频率随车速变化而改变。

霍尔效应式传感器中有一个电流通过一个半导体，该半导体被置于离一个可变磁场很近的地方。磁场的变化可以通过曲轴的旋转或分电器轴的旋转而产生，霍尔效应传感器用在曲轴位置传感器和分电器中，其输出电压的幅度是不变的，其频率随转速变化而改变。

光电式传感器中，一个旋转轮盘将 LED 光源和光拾取器分开，盘上的小孔可以使拾取器收到光源发出的光，轮盘旋转后，每当遇到小孔，拾取器收到一次光就发出一个脉冲。电压变化的结果可以作为其他系统的参考信号，输出电压的幅度是不变的，而频率随转速变化而变化。

凸轮轴传感器通常被安装在点火分电器中，传感器给线圈模块发送电脉冲从而给出了凸轮轴和阀门位置的数据。

（1）连接设备　连接 KT600 和电源延长线，根据被测试车型的蓄电池位置选择蓄电池供电或者点烟器供电，将测试探头接入通道 1（CH1 端口），然后将测试探头上的小鳄鱼夹接蓄电池负极或搭铁，用测试探针插入曲轴位置传感器信号线，连接方法如图 1-39 所示。

（2）测试条件　查看传感器是否有信号输出，若无信号输出，则可能是传感器损坏或者接线不良；如果是诊断无法起动故障，则按仪器的接线提示连接，然后起动发动机；如果发动机可以起动，则按仪器的接线提示连接，起动发动机，在怠速和较高转速下进行测试。

（3）测试步骤

1）按照图 1-39 所示连接好设备，打开 KT600 电源开关。

2）在金德仪器主菜单中按上下方向键选择示波分析仪，按［Enter］键确认。

3）在汽车专用示波器菜单中选择传感器，按［Enter］键进入汽车传感器选择菜单。

4）选择曲轴、凸轮轴位置传感器，按［Enter］键确认，根据测试条件，屏幕将会显示波形。

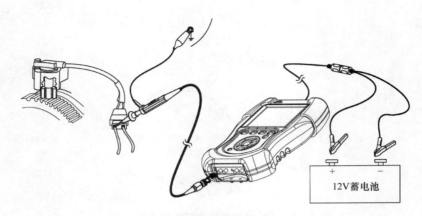

图1-39 检测设备与传感器的连接

5）必要时可以通过选择周期、幅值、电平等参数，然后按上下方向键改变波形，也可以选择停止，冻结波形后，选择存储，保存波形供以后修车参考。

（4）波形分析 三种曲轴位置传感器波形特征如图1-40～图1-42所示。

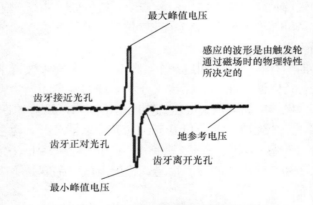

图1-40 光电式凸轮轴位置传感器波形

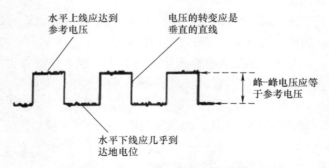

图1-41 霍尔效应式曲轴位置传感器波形

四、空气/燃油信号测量

这里主要介绍汽车的进气系统、排气系统和燃油供给系统的主要元件的测试方法，比

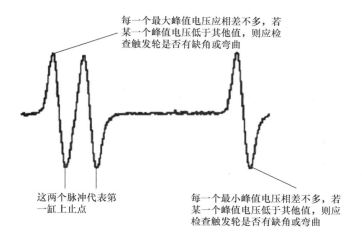

图 1-42　电磁感应式曲轴位置传感器波形

如空气流量传感器、喷油驱动器等。

1. 空气流量传感器（MAF）

（1）传感器类型

1）模拟型空气流量传感器。这种空气流量传感器使用一片预热过的薄金属元件来测量进入进气歧管的空气流量，这种感测元件被加热至77℃，当空气流经感测元件时会降低其温度，使电阻值降低，由此造成流过的电流增加，而电压下降。该信号被电脑视为电压下降的改变（空气流量的增加造成电压下降），并且被当成是空气流量的指示。

2）数字型空气流量传感器。这种类型的空气流量传感器以电脑送来的5V电压为参考，并传回相当于进入发动机空气量的频率信号。输出信号是一个方波，其振幅固定在0~5V，信号频率的改变为30~150Hz。低频代表少量的空气流量，高频代表大量的空气流量。

（2）连接设备　连接KT600和电源延长线，根据被测试车型的蓄电池位置选择蓄电池供电或者点烟器供电。将测试探头接入通道1（CH1端口），然后将测试探头上的小鳄鱼夹接蓄电池负极或搭铁，用测试探针插入空气流量传感器信号线，连接方法如图1-43所示。

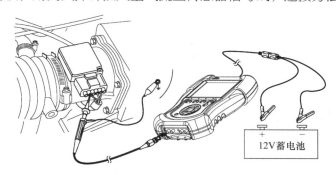

图 1-43　空气流量传感器的检测接线

（3）测试条件　连接设备，起动发动机怠速运转，缓慢加速，观察显示结果；测试的时候利用螺钉旋具手柄轻轻敲击传感器，传感器内部的连线如果有松动会造成短暂的迟滞及提速不顺。

（4）测试步骤

1）按照图1-43所示连接好设备，打开KT600电源开关。

2）在金德仪器主菜单中按上下方向键选择示波分析仪，按［Enter］键确认。

3）在汽车专用示波器菜单中选择空气/燃油，按［Enter］键进入空气/燃油选择菜单。

4）选择空气流量传感器，按［Enter］键确认，根据被测试空气流量传感器的形式，选择模拟型或者数字型，按照测试条件，屏幕将会显示波形。

5）必要时可以通过选择周期、幅值、电平等参数，然后按上下方向键改变波形，也可以选择停止，冻结波形后，选择存储，保存波形供以后修车参考。

（5）波形分析　两种空气流量传感器特征波形如图1-44、图1-45所示。

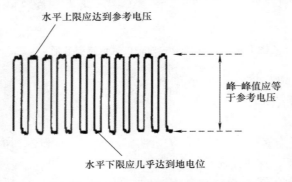

图1-44　数字式空气流量传感器波形

2. 燃油喷射（FI）

电控燃油喷射由电脑控制，并且受许多工作因素的影响，包括冷却液温度、发动机负荷以及闭环工作下氧传感器的信号等。燃油喷射的时间可以表示为毫秒级的脉冲宽度，代表着喷入气缸燃油的多少。宽的脉冲表示在相同喷射压力下喷射的燃油较多。电子控制单元通过一个驱动晶体管提供一个路径给喷油器。当晶体管导通时，电流流经喷油器和晶体管至地，使喷油器打开。

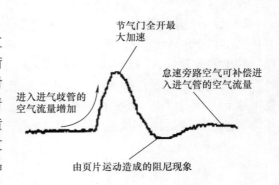

图1-45　模拟式空气流量传感器波形

（1）燃油喷射的类型　目前主要有三种燃油喷射系统，每种都有其自己的燃油喷射控制方法。所有的喷油器都有限制电流通过的方法，因为过大的电流会损坏喷油器。

1）峰值保持型。喷油器电路实际上是使用两个不同电路来给喷油器供电，两个电路同时作用于喷油器时，可供应较高的起始电流，使其快速开启；喷油器开启之后，其中一个电路切断，另一个电路继续维持喷油器的开启，直到喷射时间结束。这个电路中有一个电阻用以减少通过喷油器的电流。当第二个电路也切断后，喷油器关闭，结束喷油，测量开启时间的方法是寻找开启脉冲的下降沿以及表示第二个电路切断的上升沿。

2) 传统型（饱和开关型）。喷油器的晶体管提供固定电流给喷油器。某些喷油器使用电阻以限制电流的大小，其他喷油器是有较高的内部阻抗，这些喷射的脉冲只有一个。

3) 脉冲宽度调制型。喷油器有较高的起动电流以快速地打开喷油器，当喷油器开启后，接地端开始脉冲式地接通从而切断电流以延长喷油器开启时间，同时限制流经喷油器的电流。

（2）连接设备　连接 KT600 和电源延长线，根据被测试车型的蓄电池位置选择蓄电池供电或者点烟器供电，将一缸信号夹连接到 CH5 通道并夹住一缸高压线，将测试探头的前部的衰减开关拨到 ×10 位置，接入通道 1（CH1 端口），然后将测试探头上的小鳄鱼夹接蓄电池负极或搭铁，用测试探针插入喷油器的信号线。多点燃油喷射连接方法如图 1-46 所示，单点燃油喷射系统连接方法如图 1-47 所示。

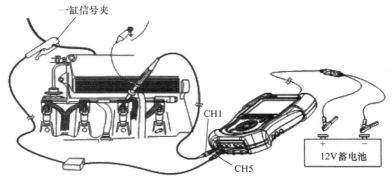

图 1-46　多点燃油喷射连接方法

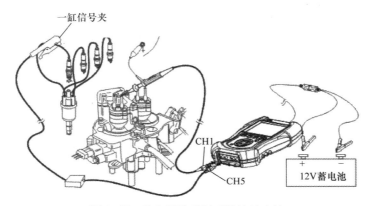

图 1-47　单点燃油喷射系统连接方法

注意：一缸信号夹取发动机转速信号，如果 KT600 不显示发动机转速，将转速夹翻转 180°重新夹住高压线。

（3）测试条件

1) 连接设备后起动发动机，从怠速开始测试，慢慢地提升发动机转速，同时观察喷油器的信号。

2) 改变歧管绝对压力传感器或氧传感器的输出信号以增加发动机的负荷。

3) 另外一个方法是断开氧传感器的接线，这会造成送往控制单元的电压信号减小，控制单元会增加喷射脉冲宽度,但这种方法可能会造成故障码的出现。

4)将氧传感器的信号端接到蓄电池的正极(+),则会增加送往电子控制单元的电压信号,电子控制单元会做出减小喷射脉冲宽度的反应。

(4)测试步骤

1)按照图 1-46 或者图 1-47 所示连接好设备,打开 KT600 电源开关。

2)在金德仪器主菜单中按上下方向键选择示波分析仪,按[Enter]键确认。

3)在汽车专用示波器菜单中选择空气/燃油,按[Enter]键进入空气/燃油选择菜单。

4)选择燃油喷射(FI),按[Enter]键确认,按照测试条件,屏幕将会显示波形。

5)必要时可以通过选择周期、幅值、电平等参数,然后按上下方向键改变波形,也可以选择停止,冻结波形后,选择存储,保存波形供以后修车参考。

(5)波形分析　各种喷油器的波形特征如图 1-48~图 1-50 所示。

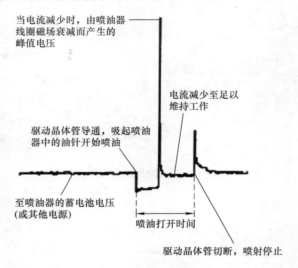

图 1-48　峰值保持型和 TBI

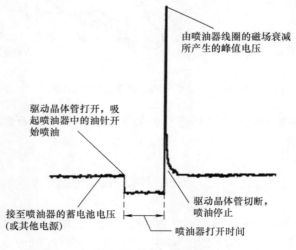

图 1-49　饱和开关型

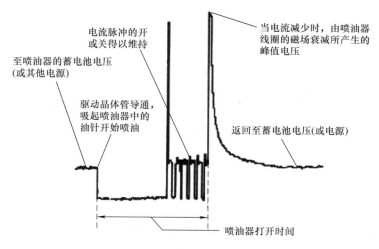

图 1-50　脉冲宽度调制型

3. 怠速空气/速度控制（IAC/ISC）

发动机控制单元控制怠速空气控制器（IAC）调整发动机怠速和防止熄火，某些怠速控制系统采用步进电动机来控制进入气门旁路的空气量；其他的怠速控制系统使用旁路控制阀，它受控于 ECU 发出的方波信号，由于线圈阻抗的关系，这些方波的形状可能有所差异。

（1）连接设备　连接 KT600 和电源延长线，根据被测试车型的蓄电池位置选择蓄电池供电或者点烟器供电。将测试探头接入通道 1（CH1 端口），然后将测试探头上的小鳄鱼夹接蓄电池负极或搭铁，用测试探针插入 IAC/ISC 的信号线。多点燃油喷射连接方法如图 1-51 所示。

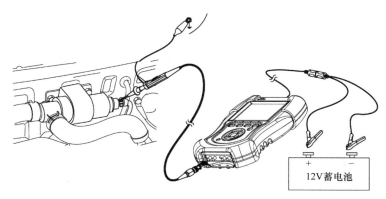

图 1-51　多点燃油喷射怠速空气控制器的连接方法

（2）测试条件　将仪器接到空气控制阀后起动发动机，监测在发动机冷车、暖机和热车时的状况。有意造成小的真空泄漏并注意来自发动机控制单元的信号如何调整阀门的打开。

（3）测试步骤

1）按照图 1-51 所示连接好设备，打开 KT600 电源开关。

2）在金德仪器主菜单中按上下方向键选择示波分析仪，按［Enter］键确认。

3）在汽车专用示波器菜单中选择空气/燃油，按［Enter］键进入空气/燃油选择菜单。

4）选择怠速空气/速度控制（IAC/ISC），按［Enter］键确认，按照测试条件，屏幕将会显示波形。

5）必要时可以通过选择周期、幅值、电平等参数，然后按上下方向键改变波形，也可以选择停止，冻结波形后，选择存储，保存波形供以后修车参考。

(4) 波形分析 当附属电器设备（空调等）开关开启或者闭合，变速器入档或者出档，发动机控制单元会控制 IAC/ISC 开、闭节气门旁通道改变怠速，如果怠速不变则首先怀疑 IAC/ISC 损坏或者节气门旁通道阻塞。一般常见 IAC/ISC 的特征波形如图 1-52 所示，可能还有其他独特形状。

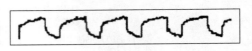
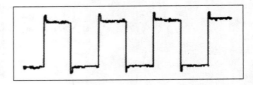
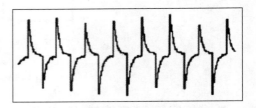

图 1-52 常见 IAC/ISC 的特征波形

五、点火系统

使用 KT600 汽车专用示波器功能对汽车点火系统诊断，主要包括点火的初级、次级点火波形的测试连接方法和特征波形等。

1. 次级点火

通过对点火次级波形的分析可以有效地检查车辆行驶性能及排放问题产生的原因，一般情况下，该波形主要是用来检查火花塞高压线是否有短路或者开路现象，火花塞是否由于积炭而引起点火不良。点火的次级波形还受到不同发动机、燃油供给系统、进气系统和点火条件的影响，所以还能根据点火次级波形有效地检测出发动机机械部件和燃油供给系统部件以及点火系统部件的故障。

在检测的时候，根据点火系统的不同分成三类：传统点火、直接点火和双头点火。传统点火一般指的是分电器点火，一般老款的国产车都采用这种方式；直接点火一般指的是一个气缸对应一个点火线圈的点火方式，在一些高档轿车上经常被使用；双头点火指的是一个点火线圈对两个气缸同时点火，这种点火方式目前比较常见。

(1) 连接设备 因为被测试发动机的点火方式和点火系统的连接方式不尽相同，所以连接的方法也不一样，在测试次级点火波形前，先确认被测试发动机点火方式。下面说明常见的三种点火方式的测试连接方法。连接 KT600 和电源延长线，根据被测试车型的蓄电池位置选择蓄电池供电或者点烟器供电。

1）传统点火：在包装箱中找出一缸信号夹和一个容性感应夹，一缸信号夹一端接 KT600 的 CH5 端口，用信号夹夹住发动机一缸的高压线，信号夹上有"此面朝向火花塞"标识，注意不要夹反；容性感应夹一端接 CH1 端口，然后用其中的一个夹子夹住高压总线，如图 1-53 所示。

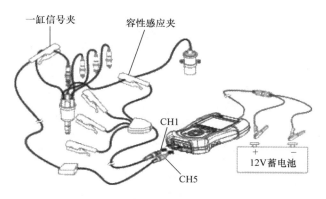

图 1-53 传统点火的连接方式

2）直接点火：在包装箱中找出一缸信号夹和一个容性感应夹，一缸信号夹一端接 KT600 的 CH5 端口，用信号夹夹住发动机一缸的高压线，信号夹上有"此面朝向火花塞"标识，注意不要夹反；容性感应夹一端接 CH1 端口，然后将容性夹分别夹到各气缸高压线上。

3）双头点火：在包装箱中找出一缸信号夹和两个容性感应夹，一缸信号夹一端接 KT600 的 CH5 端口，用信号夹夹住发动机一缸的高压线，信号夹上有"此面朝向火花塞"标识，注意不要夹反；查看点火线圈的极性，假设一侧是正，那么另一侧肯定为负，相同侧的极性相同，共用同一个容性夹，连接方法如图 1-54 所示。

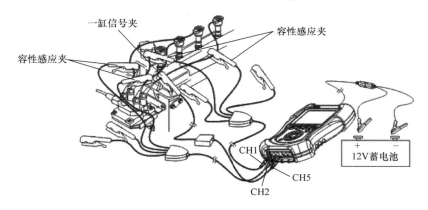

图 1-54 双头点火的连接方式

（2）测试条件　起动发动机，在不同负荷及速度下测试检验元件的性能，火花塞、点火连线头及其他次级电路的元件可能在高负荷时会功能不正常，在负荷状态下进行这些测试（在功率试验机上进行或路试）以精确地确定系统上的故障位置。

（3）测试步骤

1）按照图 1-54 所示连接好设备，打开 KT600 电源开关。

2）在金德仪器主菜单中按上下方向键选择示波分析仪，按［Enter］键确认。

3）在汽车专用示波器菜单中选择点火系统，按［Enter］键进入点火系统选择菜单。

4）选择次级点火，按［Enter］键确认。

5）选择发动机参数设定，按［Enter］键，屏幕显示如图1-55所示。

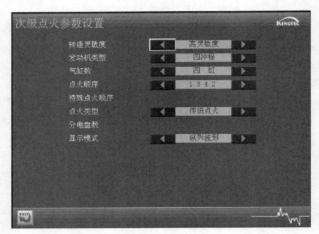

图1-55　次级点火的参数设置

6）被测试发动机型号不同的，可以更改参数，按上、下方向键选择需要更改的项目，按左、右方向键可以更改参数，更改完毕，按［Exit］键返回上级菜单。

7）按向下方向键选择次级点火测试，按［Enter］键确认，按照测试条件，屏幕显示波形。

8）必要时可以通过选择周期、幅值、电平等参数，然后按上下方向键改变波形，也可以选择停止，冻结波形后，选择存储，保存波形供以后修车参考。次级波形的显示如图1-56所示。

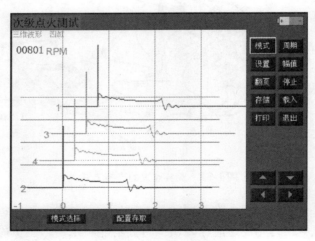

图1-56　次级波形的显示

说明：

① 模式选择：按左、右方向键可以更改次级点火波形的显示模式，如三维波形、并列波形、纵列波形和单缸显示。

② 按向右方向键选择参数，按［Enter］键确认，可以返回发动机参数设定界面，重新

更改。

（4）波形分析　点火次级波形分为三个部分：闭合部分、点火部分、中间部分。

1）闭合部分。此段时间是晶体管导通或者铂金触点结合时间，应保持波形下降沿一致，表示各缸闭合角相同以及点火正时正确。

2）点火部分。这部分有一条点火线和一条火花线（燃烧线），点火显示一条垂直线，代表的是击穿电压，火花线则是一条近似水平的线，代表维持电流通过火花塞间隙所需的电压。

3）中间部分。这部分显示点火线圈中通过初级和次级的振荡来耗散剩余的能量，一般最少有 2 个振荡波。传统次级点火的特征波形如图 1-57 所示。

2. 初级点火

初级点火闭合角的显示给传统点火的诊断带来方便，随着电子点火控制系统的出现，使闭合角调整工作不再需要，因为点火闭合角改由 ECU 来控制。但由于点火初级和次级线圈的互感作用，在次级发生的跳火会反馈给初级电路，初级点火一样显得非常重要。

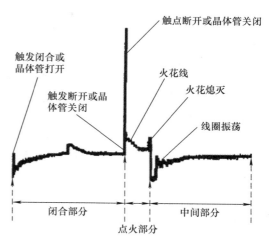

图 1-57　传统次级点火的特征波形

（1）连接设备　连接 KT600 和电源延长线，根据被测试车型的蓄电池位置选择蓄电池供电或者点烟器供电，这里的连接图都是以蓄电池供电为例，如果选择点烟器接头，先确认点烟器是否有 12V 蓄电池电压。

在包装箱中找出一缸信号夹和一个测试探针，一缸信号夹一端接 KT600 的 CH5 端口，用信号夹夹住发动机一缸的高压线，信号夹上有"此面朝向火花塞"标识，注意不要夹反；测试探头一端接 CH1 端口，测试探针头部衰减开关拨到"×10"位置接点火线圈的"IG-"信号线，如图 1-58 所示。

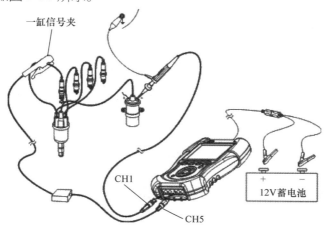

图 1-58　初级点火测试连接

(2) 测试条件 起动发动机,在不同负荷下测试点火系统以检验元件的性能,初级点火模块在高负荷及高温时可能会工作不正常。

(3) 测试步骤

1) 按照图 1-58 所示连接好设备,打开 KT600 电源开关。

2) 在金德仪器主菜单中按上下方向键选择示波分析仪,按 [Enter] 键确认。

3) 在汽车专用示波器菜单中选择点火系统,按 [Enter] 键进入点火系统选择菜单。

4) 选择初级点火,按 [Enter] 键确认。

5) 选择发动机参数设定,按 [Enter] 键确认。

6) 被测试发动机不同的,可以更改参数,按上、下方向键选择需要更改的项目,按左、右方向键可以更改参数,更改完毕,按 [Exit] 键返回上级菜单。

7) 按向下方向键选择初级点火多缸模式测试,如果是直接点火,选择初级点火单缸模式,按 [Enter] 键确认,按照测试条件,屏幕显示波形。

8) 必要时可以通过选择周期、幅值、电平等参数,然后按上下方向键改变波形,也可以选择停止,冻结波形后,选择存储,保存波形供以后修车参考。

(4) 波形分析 观察各缸点火击穿峰值电压波形的高度是否相对一致,以及当发动机负荷和转速变化时闭合角的变化情况。

3. 分电器触发

电磁感应型分电器触发:用在分电器触发的电磁传感器由一个永磁铁及磁心组成。细线缠绕在磁心上形成拾波线圈。非磁性的触发轮安装在分电器轴上并有和气缸数相同的齿。当触发轮的一个齿通过磁场时(由拾波线圈所形成)就产生一个信号。磁性传感器或可变磁阻传感器通常有两条导线并产生出它们自己的信号。

霍尔效应型分电器触发:霍尔效应开关有一个固定传感器和一个触发轮并需要一个小的输入电压才可产生输出电压。当转动叶片通过磁体和霍尔元件之间的间隙时,输出的电压值改变。这个信号以方波形式送至点火模块以触发点火线圈。

光电型分电器触发:光电式信号产生器利用发光二极管(LED)所产生的光去触发光电晶体管,然后产生出电压信号,触发轮是一片具有小孔的轮盘,它在发光二极管和光电晶体管之间的空隙中转动。

(1) 连接设备 连接 KT600 和电源延长线,根据被测试车型的蓄电池位置选择蓄电池供电或者点烟器供电,连接图都是以蓄电池供电为例,如果选择点烟器接头,先确认点烟器是否有 12V 蓄电池电压。将测试探头接入通道 1(CH1 端口),然后将测试探头上的小鳄鱼夹接蓄电池负极或搭铁,用测试探针插入分电器信号线,霍尔效应式连接方法如图 1-59 所示。

(2) 测试条件 若正在诊断"无法起动"的故障,则按接线说明进行接线,然后起动发动机,接着检查是否有信号存在。若有信号出现,则问题不在此处;若无信号出现或信号太弱,则检查传感器是否有故障或导线是否有问题。

若发动机可以起动,则按接线说明进行接线,然后起动发动机,检查发动机各工况下的状况。

(3) 测试步骤

1) 按照图 1-59 所示连接好设备,打开 KT600 电源开关。

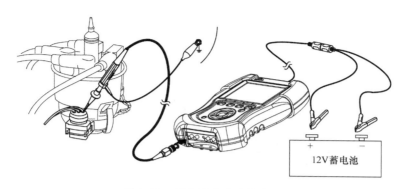

图 1-59　霍尔效应式连接方法

2）在金德仪器主菜单中按上下方向键选择示波分析仪，按［Enter］键确认。

3）在汽车专用示波器菜单中选择点火系统，按［Enter］键进入点火系统选择菜单。

4）选择分电器触发，按［Enter］键确认，按照测试条件，屏幕将会显示波形。

5）必要时可以通过选择周期、幅值、电平等参数，然后按上下方向键改变波形，也可以选择停止，冻结波形后，选择存储，保存波形供以后修车参考。

（4）波形分析　不同类型的波形如图 1-60 ~ 图 1-62 所示。

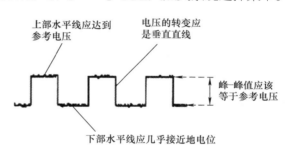

图 1-60　霍尔效应式

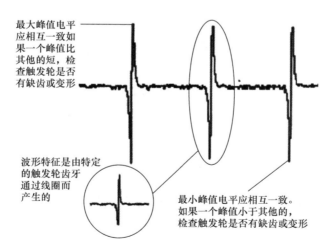

图 1-61　电磁感应式

4. 提前时间

KT600 的两通道可以决定点火系统的点火提前时间，CH1 通道连接到第一缸或点火线圈的（点火模组）初级，CH2 通道连接到上止点（TDC）信号。

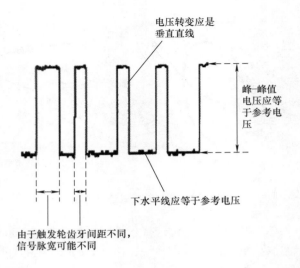

图 1-62 光电式

(1) 连接设备 如图 1-63 所示，连接 KT600 和电源延长线，根据被测试车型的蓄电池位置选择蓄电池供电或者点烟器供电，连接图都是以蓄电池供电为例，如果选择点烟器接头，先确认点烟器是否有 12V 蓄电池电压。将两个测试探头分别接入 KT600 的通道 1 和通道 2（CH1、CH2 端口），将一缸信号夹接入 CH5，然后将连接 CH1 测试探头的小鳄鱼夹接蓄电池负极或搭铁，分别用测试探针插入点火线圈的负极接头和曲轴位置传感器的信号线。

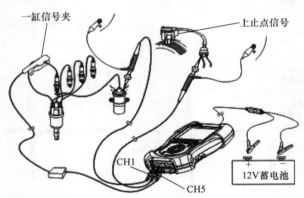

图 1-63 提前时间测试时设备的连接

(2) 测试条件 连接 KT600，CH2 通道测试线不可接地；起动发动机并使其怠速运转，慢慢地加速同时观察屏幕的结果；当电子及机械元件（若发现有）提前开始作用时，点火提前时间的增加会被观察到。

(3) 测试步骤

1) 按照图 1-63 所示连接好设备，打开 KT600 电源开关。
2) 在金德仪器主菜单中按上下方向键选择示波分析仪，按 [Enter] 键确认。
3) 在汽车专用示波器菜单中选择点火系统，按 [Enter] 键进入点火系统选择菜单。

第一章 通用型汽车诊断仪器

4）选择提前时间，按［Enter］键确认，按照测试条件，屏幕将会显示波形。

5）必要时可以通过选择周期、幅值、电平等参数，然后按上下方向键改变波形，也可以选择停止，冻结波形后，选择存储，保存波形供以后修车参考。

（4）波形分析 特征波形参考如图1-64所示。

除此之外，还可以用KT600汽车专用示波器进行汽车充电系统、蓄电池、线圈和二极管等的检查。

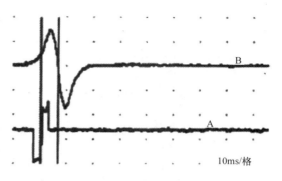

图1-64 特征波形参考

第三节 KT770汽柴两用诊断仪

KT770是博世在中国推出的一款手持式汽柴两用诊断仪（图1-65）。KT770智能诊断仪的汽油车诊断功能覆盖37个品牌、199个车款、536个车型（持续更新中），同时新增博世柴油维修指导、博世柴油故障码指引、独家博世柴油EDC17全系统、DeNox全系统，以及数据流数值、波形、控件显示、数据流记录及对比等功能。KT770参数配置见表1-8。

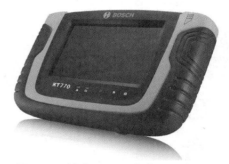

图1-65 博世KT770汽柴两用诊断仪

表1-8 KT770参数配置

项目	参数配置	项目	参数配置
处理器	双核，Cortex – A8	内存卡	8GB TF卡
操作系统	Linux	防护等级	IP30
显示屏	7in 800×480 LED真彩液晶	网络接口	LAN
工作温度	-10~45℃	无线	WiFi（需另行购置）
工作电压	DC 7~32V	USB	高速USB接口
内存	512MB DDR2	OBD Ⅱ插头	标准OBD Ⅱ插头

一、KT770主机

KT770主机外形如图1-66所示，主机的相应标识见表1-9，诊断端口如图1-67所示，连接端口如图1-68所示。

41

图 1-66　KT770 主机

表 1-9　主机的相应标识

标识	描述
⚠	故障指示灯，红色表示 KT770 存在故障
🚗	ECU 通信指示灯，绿色为 CAN 通信方式，黄色为其他通信方式
⏻	电源开关按键和电源指示灯
🏠	一键返回诊断主界面按键，此按键在以下情况按下时没有任何响应：进入诊断功能后、进入汽车保养功能后、进入维修指导界面后
📷	截图按键，点此按键即可截取当前屏幕，并将图片文件保存至指定文件夹：appserver \ snapshoot

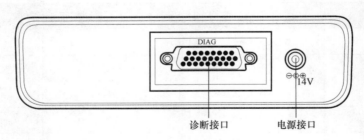

图 1-67　诊断端口

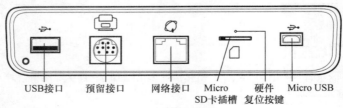

图 1-68　连接端口

注意：当通过 Micro USB 端口连接 KT770 和电脑时，可以将 Micro SD 卡映射为移动存储设备使用，退出的时候必须选择安全退出模式。

主机背面还有以下配置：

1）支撑架：用于支撑 KT770 主机，方便操作。

2）上标签：KT770 主机订货号和主机生产日期。

3）下标签：KT770 相关信息，其中 S/N 是序列号，此序列号是唯一的。此序列号必须与软件里的序列号匹配，否则，KT770 不能使用。

二、设备连接

根据使用功能的不同，连接方式分为两种：诊断连接、自检/升级连接。

1. 诊断连接

如图 1-69 所示，使用之前，必须确保 KT770 与汽车 ECU 正常连接。

注意：诊断时的取电方式可选择汽车诊断座、点烟器供电线或蓄电池夹供电线。插拔诊断插头前，关闭点火开关。

2. 自检连接及激活/在线升级连接

自检连接如图 1-70 所示，激活/在线升级连接如图 1-71 所示。

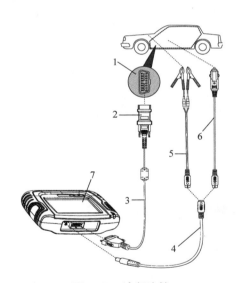

图 1-69 诊断连接
1—汽车上的诊断座 2—各种诊断插头 3—测试延长线
4—电源延长线 5—蓄电池夹供电线
6—点烟器供电线 7—KT770 主机

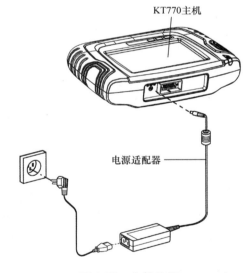

图 1-70 自检连接

注意：KT770 自检时，断开主机与测试延长线的连接。

3. 开机启动

当 KT770 主机接通电源后，主机上的电源指示灯绿灯亮起。当按下电源开关按键时，故障指示灯红灯快速闪烁一下，蜂鸣器鸣响，接着 ECU 通信指示灯闪烁，直到进入 KT770 主界面。

4. KT770 主界面

KT770 开机跳过开机界面后,进入主界面,如图 1-72 所示。

KT770 主界面包括:汽车诊断、历史记录、录制列表、维修指导。辅助功能包括:设置、截图、打印、反馈和帮助。

单击 图标,即可进入汽车诊断功能界面。

单击 图标,即可进入历史记录功能界面。

单击 图标,即可进入数据流录制列表界面。

单击 图标,即可进入维修指导功能界面。

单击 图标,即可进入系统设置界面。

单击 图标,即可截取当前界面成图片并自动保存。

单击 图标,即可进入打印功能界面。

单击 图标,即可进入反馈填写界面。

单击 ? 图标,即可进入仪器使用帮助功能界面。

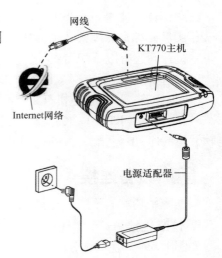

图 1-71 激活/在线升级连接

图 1-72 KT770 主界面

注意:屏幕右上角显示图标为 KT770 当前使用的通信模式, 为 USB 通信模式, 为 LAN 通信模式, 为 WiFi 通信模式。

屏幕左上角显示当前日期和时间(此功能为新增功能,如果有的 KT770 没有显示日期和时间,说明其硬件不支持此功能)。

三、KT770 系统设置

在 KT770 主界面,单击"设置"图标,进入 KT770 的系统设置界面(图 1-73)。KT770 的系统设置包括:激活、密码设置、升级、辅助功能、网络设置、语言设置、关于设备、亮度调节。

单击屏幕右下角的🔽图标或者屏幕左下角的图标，即可返回 KT770 主界面。

图 1-73　KT770 的系统设置界面

1. 激活

如果 KT770 没有激活（图 1-74），将无法使用 KT770 进行诊断。系统激活时，确保 KT770 已连接可用的 Internet 网络。

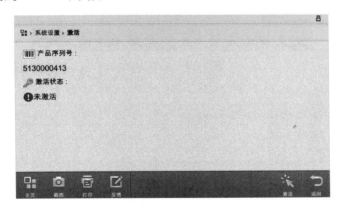

图 1-74　系统未激活显示

操作方法如下：

1）在"系统设置"界面，单击"激活"图标，进入激活功能界面。

2）KT770 自动检测产品序列号，单击"激活"按钮，系统自动检测网络连接。若网络连接不正常，界面红色字体显示"网络连接错误，检查你的网络设置"，进入"网络设置"界面进行相应设置。

3）若网络连接正常，进入填写注册信息界面。如图 1-75～图 1-77 所示，根据界面提示输入相关的注册信息；若信息填写不正确，将提示重新填写。

4）若所有信息输入正确，单击屏幕右下角的"激活"图标激活（图 1-78）。

5）激活成功后，界面弹出提示信息框，显示"软件已成功激活！重启后生效！"，单击"确定"按钮，重启 KT770 即可。

注意：用户名支持字母、数字或汉字输入，长度范围是 3～16 个字符；密码支持字母、数字或特殊字符输入，长度范围是 6～16 个字符。

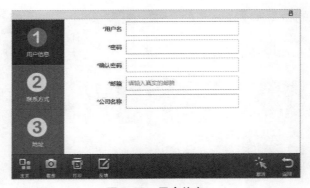

图 1-75　用户信息

图 1-76　联系方式

图 1-77　地址信息

用户名用于升级登录，不能重复，建议使用实名注册；电子邮箱用于找回密码，填写常用邮箱；提交注册信息时记住用户名和密码，以便于日常升级。

若仪器类型已修改，需要再次激活。再次激活时，在产品激活界面单击"激活"按钮，输入正确的用户名和密码即可。

若忘记密码，单击"忘记密码"按钮（图1-79），输入注册时提供的邮箱地址即可找回密码。激活成功后，激活图标上会显示"已激活"的状态。

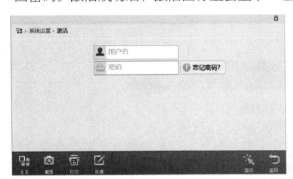 

图1-79　忘记密码时可输入邮箱找回密码

2. 密码设置

密码设置功能（图1-80）只有在产品激活以后才能使用。

注意：确保KT770已连接可用的Internet网络。产品序列号会自动获取。

图1-80　密码设置

操作方法如下：

1）如图1-81所示，在"系统设置"界面，单击"密码设置"图标，进入密码设置界面。

2）依次输入正确的用户名和原密码，单击右下角的"下一步"图标。

3）输入新密码和确认密码，新密码和确认密码必须完全一致。

4）如图1-82所示，单击右下角的"确定"图标即可，界面弹出提示信息框，提示"密码修改成功"。

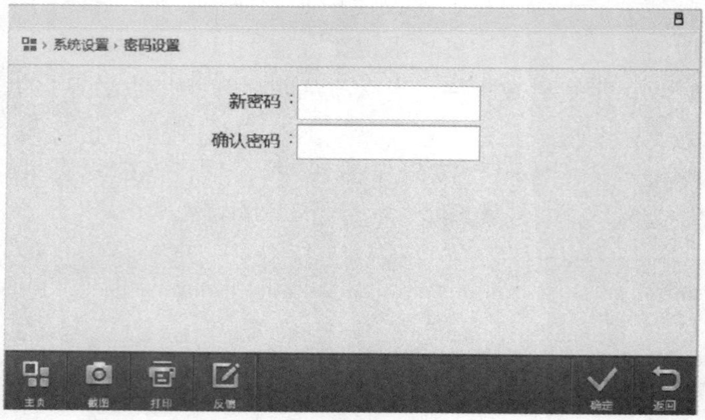

图 1-81　新密码设置

图 1-82　密码修改成功

3. 升级

升级功能包括更新升级和恢复数据库。

注意：系统自动检测是否有更新，若检测到有更新的内容，升级图标上会显示"有更新"的状态（图 1-83）。

图 1-83　系统升级

确保 KT770 已连接可用的 Internet 网络。确保升级过程的完整性，不要中途强制中止程序或断开网络。

（1）更新升级　更新升级可以实现系统、软件、固件、维修指导和数据库的更新升级。

注意：此功能只有在产品激活之后才可使用。若没有激活，界面显示"设备未激活，激活后才能进行升级！"。

操作方法如下：

1）在"系统设置"界面，单击"升级"图标，进入升级界面，如图1-84所示。

图1-84　系统升级

2）单击"检查更新"图标，系统自动检测可更新的数据，如图1-85所示。

图1-85　系统自动检测可更新的数据

注意：若软件包有更新，系统默认选中，且不可取消；若有新增品牌，更新信息不会显示品牌图标和名称，会显示绿色的加号图标 ⊕。

3）选择单个品牌，即可查看更新详情，如选择柴油后，更新的详细内容如图1-86所示。

4）如图1-87所示，单击右下角的"升级"按钮，下载安装包。

5）如图1-88所示，下载完成后，界面弹出更新提示框，单击"确定"按钮安装即可。

（2）恢复数据库　恢复数据库可恢复数据当前版本之前发布的3个版本中的任意一个

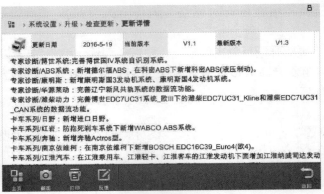

图1-86　选择柴油后的更新内容

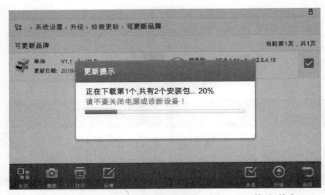

图1-87　单击右下角的"升级"按钮，下载安装包

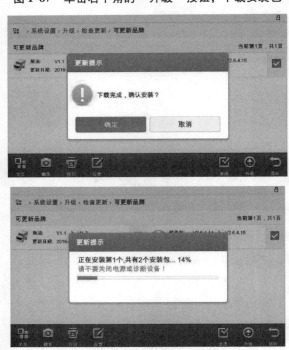

图1-88　单击"确定"按钮安装

版本。

操作方法如下：

1）在"系统设置"界面，单击"升级"图标，进入升级界面（图1-89）。

图1-89　进入升级界面

2）如图1-90所示，单击"恢复数据库"图标，系统自动检测可恢复的数据。

图1-90　系统自动检测可恢复的数据

3）单击"是"按钮，恢复完整包，界面显示可恢复的完整包的版本（图1-91）。

4）单击"否"按钮，恢复车型数据库；进入可恢复数据库选择界面，选择需要恢复的数据库，界面显示该数据库可恢复的版本（图1-92）；选择可恢复的版本项，即可查看更新详情。

5）勾选需要恢复的版本，单击右下角的"恢复"按钮，下载安装包。

6）下载完成后，界面弹出更新提示框，单击"确定"按钮安装即可。

四、辅助功能

如图1-93所示，辅助功能包括：车标替换、程序自检、诊断卡自检、触摸屏校正、日志功能、点击提示音、时间与日期、代理设置。

图 1-91　界面显示可恢复的完整包的版本

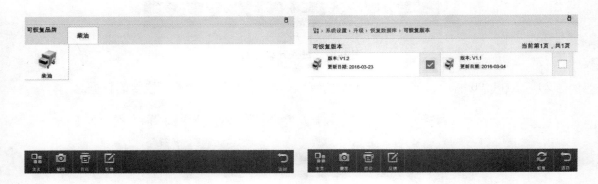

图 1-92　可恢复的版本

图 1-93　辅助功能

1. 车标替换

替换车标的方法有两种：单张替换和整包替换，默认为单张替换。图片大小为：98×74，图片格式为：png。

（1）单张替换　这种方法一次只能替换一张车标，操作方法如下：

1）在"系统设置"界面，单击"辅助功能"图标。
2）进入辅助功能界面后，单击"车标替换"图标，界面显示如图1-94所示。

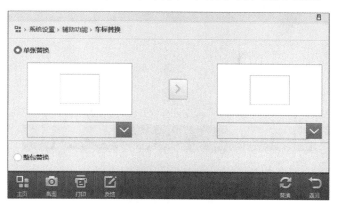

图1-94 车标替换

3）选中"单张替换"单选框。
4）如图1-95所示，在左边下拉框中选择需要被替换的车标。

图1-95 选择需要被替换的车标

5）在右边下拉框中选择需要的车标（图1-96）。
6）单击右下角的"替换"按钮即可（图1-97）。

注意：单张替换支持按车系选择图片。

（2）整包替换　这种方法一次可以替换所有车标，需要事先准备好用于替换的车标文件夹，将获取到的车标文件夹拷贝到SD卡的如下目录：SD/APPSERVER/MULTELOGO。

操作方法如下：
1）在"系统设置"界面，单击"辅助功能"图标。
2）进入辅助功能界面后，单击"车标替换"图标。
3）选中"整包替换"单选框。
4）单击右下角的"替换"按钮即可。

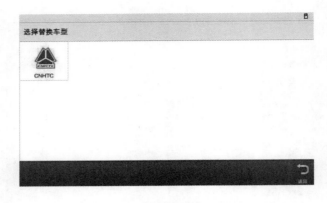

图1-96　在右边下拉框中选择需要的车标

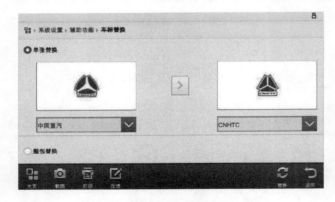

图1-97　单击右下角的"替换"按钮

2. 程序自检

如图1-98所示,系统自检包括:测试LCD背光、检测SD卡、测试LCD显示、检测蜂鸣声、检测按键、检测指示灯。

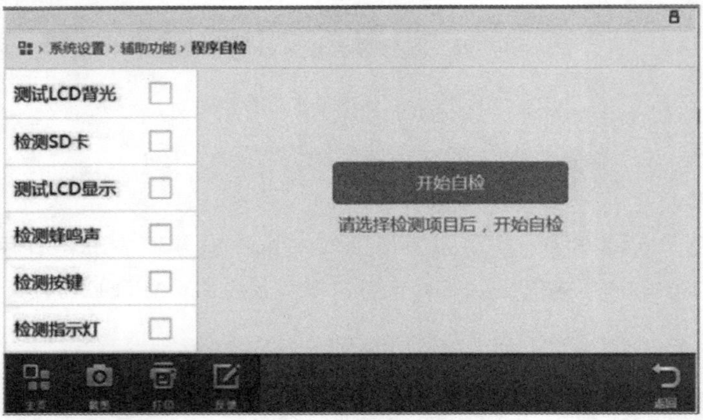

图1-98　程序自检

操作方法如下：

1）在"系统设置"界面，单击"辅助功能"图标。

2）进入辅助功能界面后，单击"程序自检"图标。

3）勾选需要进行自检的项目，可以勾选一个或多个。

4）单击"开始自检"按钮开始自检。

5）自检结束后，屏幕将显示检测结果和"重新自检"按钮。

注意：可以单击"重新自检"按钮，重新检测刚刚自检过的项目。

3. 诊断卡自检

此功能用来检测 KT770 的诊断卡是否正常。KT770 自检时，要断开主机与测试延长线的连接。

操作方法如下：

1）在"系统设置"界面，单击"辅助功能"图标。

2）进入辅助功能界面后，单击"诊断卡自检"图标，界面显示如图 1-99 所示。

图 1-99　自检功能

3）单击右下角的"自检"按钮，等待自检完成并显示检测结果。

4. 触摸屏校正

使用过程中若触摸屏失准，需要进行触摸屏校正。操作方法如下：

1）在"系统设置"界面，单击"辅助功能"图标。

2）进入辅助功能界面后，单击"触摸屏校正"图标进入操作。

3）按照显示顺序将触摸笔准确触及每个十字光标的中心，等待其变化后即完成一次校正，直到校准成功。

注意：不要在光标出现之前乱点屏幕，这样操作会导致校准失败。

5. 日志功能

该功能用于收集日志功能（图 1-100）的切换。操作方法如下：

1）在"系统设置"界面，单击"辅助功能"图标。

2）进入辅助功能界面后，单击"日志功能"图标进入操作。

3）默认为开启收集日志功能，按钮点亮，显示"ON"；单击按钮关闭收集日志功能，显示"OFF"。

图 1-100　日志功能

6. 点击提示音

该功能用于控制点击屏幕时是否有提示音（图 1-101）。操作方法如下：

1）在"系统设置"界面，单击"辅助功能"图标。

2）进入辅助功能界面后，单击"点击提示音"图标进入操作。

图 1-101　提示音

3）默认为开启提示音，按钮点亮，显示"ON"；单击按钮关闭提示音，显示"OFF"。单击按钮切换后，界面会弹出提示信息框，告知已切换到的模式。

7. 时间与日期

该功能用于修改 KT770 的时间与日期（图 1-102）。操作方法如下：

1）在"系统设置"界面，单击"辅助功能"图标。

2）进入辅助功能界面后，单击"时间与日期"图标进入操作。

3）单击时区下拉框，选择对应的时区。

4）单击日期下拉框，选择需修改的日期。

5）单击时间下拉框，选择需修改的时间。

6）单击"保存"按钮，界面弹出保存成功的提示，屏幕左上角显示修改后的日期和时间。

注意：此功能为新增功能，如果 KT770 没有显示日期和时间，说明其硬件不支持此功能。

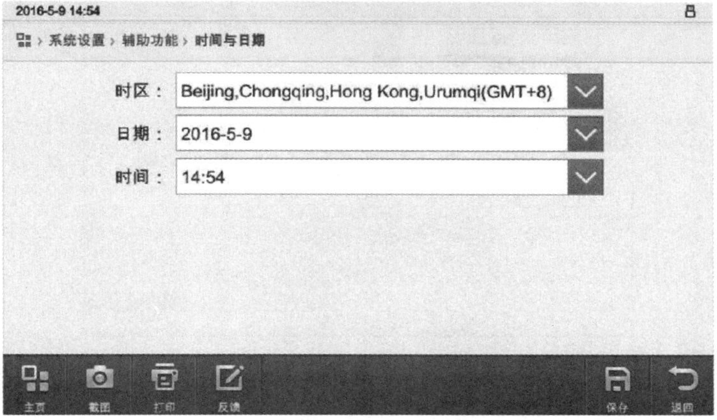

图 1-102　时间与日期

8. 代理设置

此功能用来设置 KT770 主机连接 Internet 是否需要使用代理服务器。

注意：默认的代理设置是不使用代理服务器（图 1-103）。

使用代理服务器的设置方法如下：

1）在"系统设置"界面，单击"辅助功能"图标。
2）进入辅助功能界面后，单击"代理设置"图标进入操作。
3）去掉"不使用代理"前的勾选。
4）在地址和端口输入框内输入地址和端口信息。

注意：若代理服务器设置了用户名和密码，必须输入正确的用户名和密码后才能使用此代理服务器。

5）单击右下角的"保存"按钮即可。

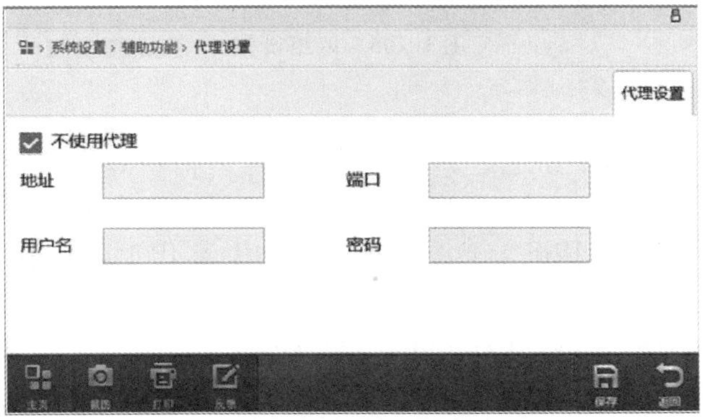

图 1-103　代理服务器的设置

注意：在计算机上打开 IE 浏览器，依次进入 Internet 选项→连接→局域网（LAN）设置（图 1-104），在此界面即可查看使用的网络有没有使用代理服务器。

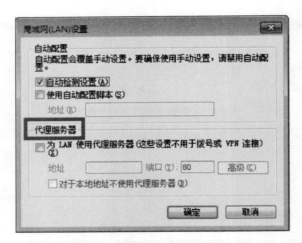

图 1-104　计算机上代理服务器的设置

五、网络设置

如图 1-105 所示，该功能可设置 KT770 主机通过 LAN（网线）或 WiFi（无线）连接 Internet 网络。

图 1-105　网络设置

1. LAN（网线）

此功能用来设置 KT770 主机通过 LAN（网线）连接到 Internet 网络。出厂默认设置为：自动获取 IP 和自动获取 DNS。根据网络环境，选择正确的方式连接网络。当选择自动获取 IP 时，还可以选择手动设置 DNS 信息。当选择手动设置 IP 时，只能手动设置 DNS 信息。DNS 一般不需要设置。

手动设置 IP 操作方法如图 1-106 所示，步骤如下：
1）在"系统设置"界面，单击"网络设置"图标，进入网络设置界面。
2）单击"LAN"图标，进入 LAN（网线）设置。
3）在 IP 设置页面去掉"自动获取"前的勾选。
4）依次输入正确的 IP 地址、子网掩码和网关的信息。
5）单击右下角"保存"按钮即可。

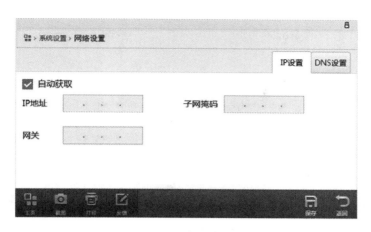

图 1-106　手动设置 IP 操作

2. WiFi（无线）

此功能用来设置 KT770 主机通过 WiFi（无线）连接到 Internet 网络。

注意：进行设置前，将可用的无线适配器连接到 KT770 主机上无线模块为选配件。

操作方法如下：

1）将无线适配器插入 KT770 主机。

2）在"系统设置"界面，单击"网络设置"图标，进入网络设置界面。

3）单击"WiFi"图标，进入 WiFi（无线）设置。

4）无线开关默认关闭，显示"OFF"，单击按钮，打开无线开关，显示"ON"。

5）如图 1-107 所示，当前页面将显示当前可用的无线网络列表，选择可用的无线网络即可自动连接。

图 1-107　无线网络列表

若选择的无线网络有密码保护，输入正确的密码即可连接。单击左下角的"刷新"按钮，即可刷新当前显示的无线网络列表。若当前页面没有显示可用的无线网络，但确实有无线网络，可以单击左下角的"添加网络"按钮（图 1-108），将可用的无线网络添加到当前列表后再连接。若 KT770 和计算机通过 WIFI 连接网络时，将路由器设置密码保护以保证安全使用。

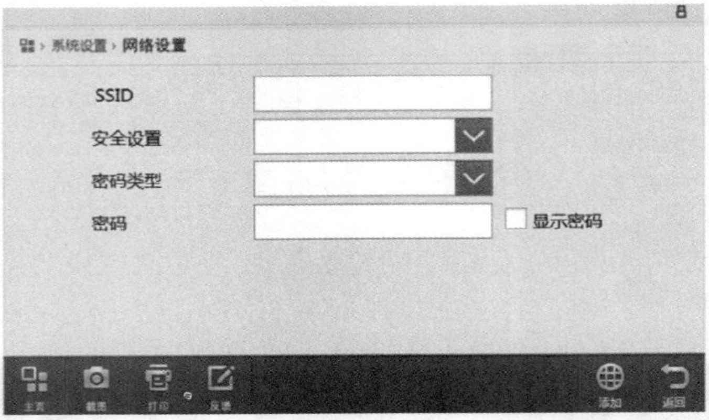

图 1-108　添加网络

六、汽车诊断条件

1. 汽车诊断主界面

汽车诊断主界面如图 1-109 所示，相应说明见表 1-10。

图 1-109　汽车诊断主界面

表 1-10　汽车诊断主界面说明

序号	说明
(1)	导航栏，所有车型品牌可以按区域分类显示，也可以按首字母 A–Z 的排序显示
(2)	折叠按钮，显示或隐藏导航栏
(3)	区域显示或首字母区间显示，通过向左或向右的方向键查看所有内容
(4)	上下翻页按钮，当显示内容超过一屏时，可以上下翻页查看多屏的内容

2. 测试条件

打开汽车电源开关；汽车蓄电池电压等级为 12V 或 24V。

3. 主机供电

KT770 主机有 4 种供电方式，可以根据需要进行选择。不同供电方式的连接方法如下：

1)交流电源供电。找到包装箱内 KT770 标准配置的电源适配器,其中一端连接在 KT770 主机的电源供电端口,另一端连接至 100~240V 交流插座。

2)汽车蓄电池夹供电。找到包装箱内 KT770 标准配置中的电源延长线和蓄电池夹供电线,其中一端连接在 KT770 主机的电源供电端口,另一端连接至汽车蓄电池。

3)点烟器供电。找到包装箱内 KT770 标准配置中的电源延长线和点烟器供电线,其中一端连接在 KT770 主机的电源供电端口,另一端连接至汽车点烟器。

4)通过汽车诊断座供电。找到包装箱内 KT770 标准配置中的测试延长线和诊断插头,并连接好;将测试延长线连接了诊断插头的一端连接至汽车诊断座,另一端连接至 KT770 主机。

4. 按车系品牌选择

可以通过两种方式进行车型品牌选择,分别是按品牌所在区域和按品牌名称首字母 A – Z。

(1)按区域选择 如图 1-110 所示,所有车型品牌通过所在国家区域进行排列,例如:大众品牌在欧洲区域下选择,丰田品牌在日本区域下选择。

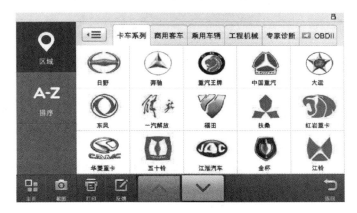

图 1-110 按区域选择

(2)按首字母排序选择 如图 1-111 所示,所有车型品牌通过品牌名称首字母 A – Z 的顺序进行排列,例如:奔驰首字母为"B",在"A – D"区间内。

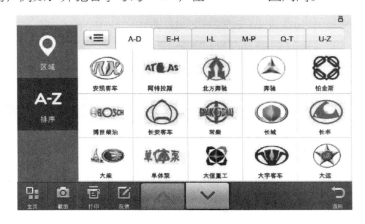

图 1-111 按首字母排序选择

七、诊断功能

1. 诊断功能界面

如图1-112所示，进入诊断系统后，KT770界面将显示此系统能够实现的所有诊断功能。

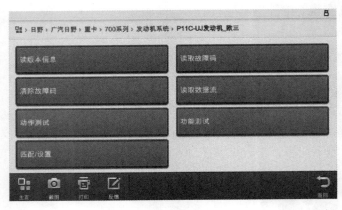

图1-112　诊断功能界面

2. 读版本信息

读取被测试系统的电脑信息，读取的信息根据车型或系统的不同而不同。一般更换车辆控制单元时，需要读出原控制单元信息并记录，以作为购买新控制单元的参考，对新的控制单元进行编码时，需要原控制单元信息。操作方法如下：

1）进入诊断功能后，点击"读版本信息"，弹出对话框显示的是汽车电脑的相关信息，包括软件版本、硬件版本、零件号等信息。

2）单击"返回"按钮，退出此功能。

3. 读故障码

（1）读取故障码信息　如图1-113所示，读故障码功能可以读取被测试系统ECU存储器内的故障码，帮助维修人员快速地查到引起车辆故障的原因。操作方法如下：

1）进入诊断功能后，单击"读故障码"。

2）打开读故障码界面，显示内容包括故障码的内容、是否有冻结帧和帮助信息；冻结帧按钮高亮显示表示有冻结帧信息，显示帮助信息按钮 时才有故障码帮助信息。

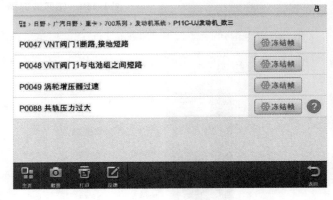

图1-113　读故障码

3）单击"返回"按钮，退出此操作。

注意：系统测试正常时，将显示"系统正常"，屏幕右下角不会显示"清除"按钮。

（2）故障码帮助信息　如图 1-114 所示，显示对应故障码的帮助信息。操作方法如下：

图 1-114　故障码的帮助信息

1）选择某条故障码，单击"故障码帮助信息"按钮，界面显示该故障码的帮助信息列表，界面显示如图 1-115 所示。

图 1-115　故障码帮助信息

2）如图 1-116 所示，维修人员可根据具体故障，单击某条故障码帮助信息，即可获得相关的详细内容。

（3）读冻结帧　冻结帧功能是发动机管理系统对故障码功能的补充，主要是用于冻结发动机故障触发时发动机的相关工况，帮助维修人员了解故障发生时的整车工况。操作方法如下：

1）选择某条故障码，单击"冻结帧"按钮，进入读冻结帧界面，界面显示具体的冻结帧信息。

2）单击"返回"按钮，退出此功能。

注意：此功能还可以通过诊断功能区的读冻结帧进入。

4. 清故障码

清除被测试系统 ECU 内存储的故障码的操作方法如下：

1）进入诊断功能后，单击"清除故障码"，弹出对话框将显示清除条件。

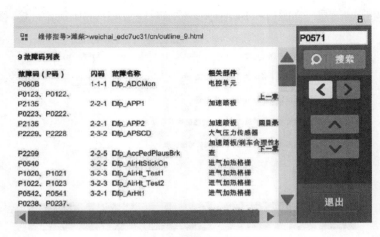

图 1-116　某条故障码帮助信息

2）完成清故障码功能后，界面显示"清码命令已执行"。

3）单击"确定"按钮，退出清故障码功能。

一般车型严格按照常规顺序操作：先读故障码，记录（或打印）后再清除故障码，试车、再次读取故障码进行验证，维修车辆，清除故障码，再次试车确认故障码不再出现。

当前硬性故障码是不能被清除的，如果是氧传感器、爆燃传感器、混合气修正、气缸失火之类的技术型故障码虽然能立即清除，但在一定周期内还会出现。必须要彻底排除故障之后故障码才不会再出现。

5. 读数据流

（1）数据流的读取方法　通过各数据流的值或状态，可判断汽车各部件是否有故障。操作方法如下：

1）进入诊断功能后，单击"读数据流"，弹出读取数据流对话框。

2）如图 1-117 所示，单击数据流项即可选择读取该数据流，也可以单击右下角的"全选"图标，选择读取当前的所有数据流。

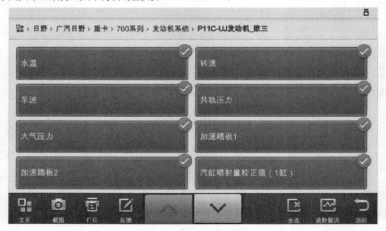

图 1-117　数据流的读取

3）如图 1-118 所示，单击右下角的"读数据流"按钮，界面将显示数据流的名称、结果和单位。可以单击屏幕的返回按钮，切换到数据流选择界面；读取数据流时，可以暂停读取，方便用户查看数据流的结果；单击"更多"选项，单击"暂停"按钮后，该按钮变为"继续"，单击此按钮，继续读取数据流，同时此按钮变为"暂停"按钮。

图 1-118 数据流的显示

（2）读数据流界面按钮说明　读数据流界面如图 1-119 所示，其相应的按钮说明见表 1-11。

图 1-119 读数据流界面按钮说明

表 1-11 相应的按钮说明

序号	说明
（1）	置顶按钮，单击此按钮，按钮高亮显示，数据流置顶显示
（2）	数据流高级功能按钮显示区，包括捕捉、录制、暂停/继续、比较
（3）	数据流数值结果波形示意图按钮
（4）	向上、向下翻页按钮

（3）数据捕捉　捕捉当前测试的数据流值的操作方法如下：
1）进入读数据流功能后，单击右下角的"捕捉"图标，捕捉数据流的当前值。

2）如图1-120所示，在弹出的对话框中输入需要保存捕捉数据流结果的文件名称。

3）单击"确定"按钮捕捉当前的数据流值。

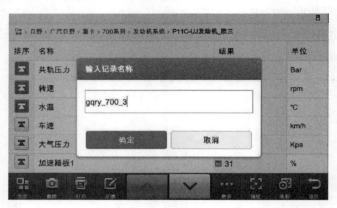

图1-120　数据捕捉

注意：可以单击向下翻页按钮，捕捉下一屏读取的数据流的值。

（4）数据比较　通过比较数据流当前值和保存的数据流历史值，判断相关部件是否处于良好的工作状态。操作方法如下：

1）在读数据流界面，进行了数据捕捉并保存后，单击右下角的"更多"按钮，选择"比较"按钮，进入选择记录界面，显示所有可供比较的数据流文件。

2）如图1-121所示，选中某条数据流文件，单击右下角的"打开"按钮，界面显示历史的比较值和当前读取的结果。

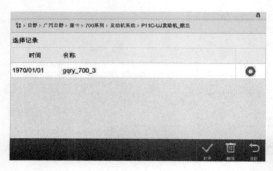

图1-121　数据流的比较

注意：数据流文件存放路径是系统指定路径，不可更改。在选择记录界面，可以删除以前保存的不再需要的数据流文件；选中某文件，直接单击右下角的"删除"按钮即可。

（5）数据流值显示方式　数据流值的显示方式有两种，分别是数值和波形，默认的显示方式是数值显示。数据流值显示方式的切换操作方法如下：

1）在数据流读取显示界面，单击某条数据流结果栏里的蓝色图标，进入数据流波形显示界面，如图1-122所示。

2）当前界面只显示当前选择的那条数据流值的波形，若想查看更多的数据流值的波形（图1-123），单击右边的"数据流"按钮，添加数据流项。

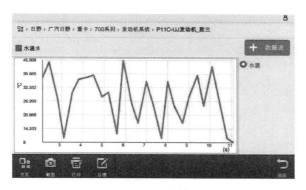

图 1-122　数据流波形显示

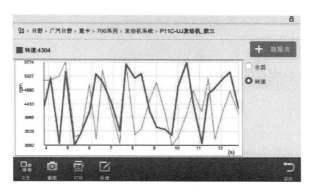

图 1-123　更多数据流波形查看

通过此按钮,最多只能再添加 4 条数据流项;右侧用不同的颜色显示每条数据流项的名称,每条数据流项的颜色,就是其波形的颜色。当选中哪条数据流项,其波形就会加粗显示。

3) 单击右下角的"返回"按钮,退出波形显示界面。

(6) 数据录制　数据录制主要用于对 ECU 中某些数据进行较长时间的记录,记录当前屏幕上的数据流,每条数据流最多可以连续记录 2h。记录过程中随时可对数据进行存储,并保存到指定的文件夹下。操作方法如下:

1) 在数据流读取显示界面,单击右下角的"录制"图标。

2) 如图 1-124 所示,在弹出输入框中输入录制文件的文件名。

图 1-124　数据录制

3）如图1-125所示，单击"确定"按钮，进入数据流录制界面，界面说明见表1-12。

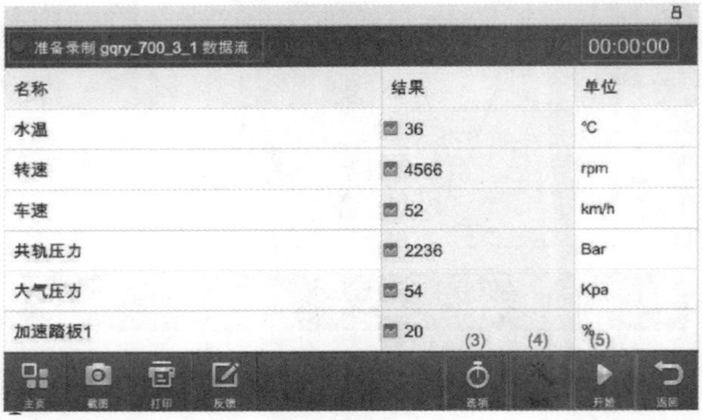

图1-125 数据流录制界面

表1-12 界面说明

序号	说明
（1）	数据流录制名称
（2）	数据流录制计时区
（3）	选项按钮：用于设置数据录制时单击触发按钮瞬间记录前后的时间
（4）	触发按钮：用于获取录制某一时间段的录制结果（单击"开始"按钮后激活）
（5）	开始按钮：单击开始录制，按钮显示"停止"

4）如图1-126所示，单击右下角的"选项"图标，根据界面提示设定触发录制的时间。

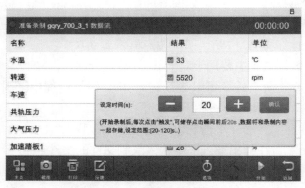

图1-126 设定触发录制的时间

5）如图1-127所示，单击右下角的"开始"图标，开始录制，"开始"图标变为"停止"图标。

6）单击右下角的"触发"图标，记录单击瞬间前后设定时间的数据流的变化结果。

7）单击"停止"图标，完成录制，并自动保存。

（7）录制列表　回放录制的数据的操作方法如下：

1）如图1-128所示，在主界面单击"录制列表"，界面显示当前所有录制的数据流信息。

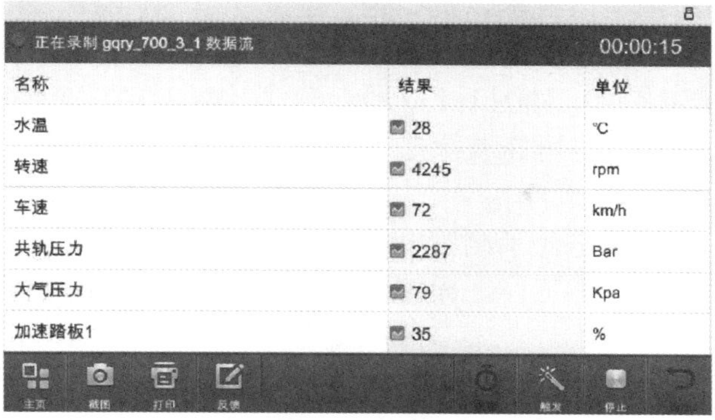

图 1-127　开始录制

图 1-128　录制列表

注意：可单击"触发"按钮，显示录制过程中触发的录制列表，并进行播放。

2）如图 1-129 所示，单击录制文件后的"播放"按钮，即可进入播放界面。

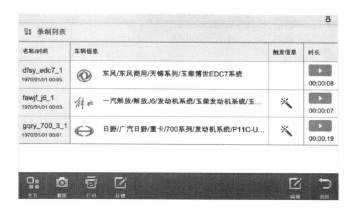

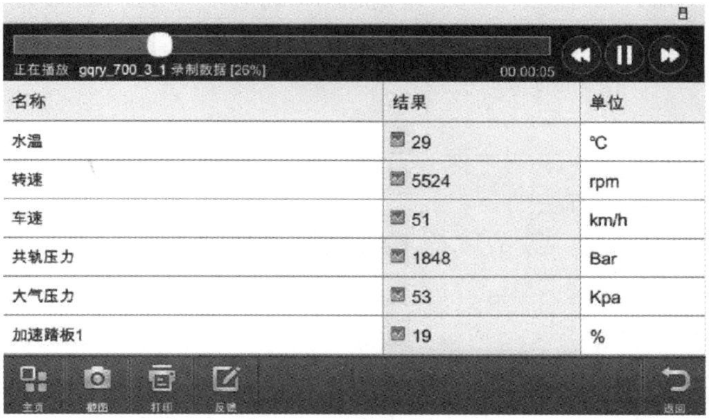

图 1-129　数据流播放

3）可暂停、后退和快进正在播放的数据。
4）单击右下角的"返回"按钮，返回录制列表界面。

记录数据保存的路径是系统默认的，且不可更改。在录制列表界面，单击右下角的"编辑"按钮，进入编辑界面。如图1-130所示，可删除选中的录制项，也可修改录制项的名称。

(8) 动作测试　此功能是为了测试电控系统中的执行元部件能否正常工作。操作方法如下：

1) 如图1-131所示，进入诊断功能后，选择"动作测试"，界面将显示所有可以操作的动作测试。

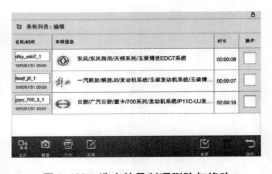

图1-130　选中的录制项删除与修改

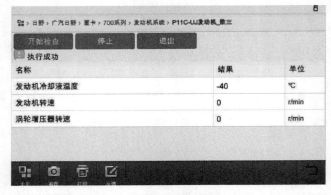

图1-131　动作测试

2) 选择某一项，进入动作测试界面，根据界面提示操作。
3) 单击"开始检查"，动作测试的状态为开始检查。
4) 单击"停止"按钮，动作测试的状态为停止。
5) 单击"退出"按钮，退出此动作测试。

(9) 高级功能　高级功能是指除基本功能以外的其他功能，这些功能可以修改ECU内部信息。包括IQA码刷写、保养灯归零等。操作方法：进入诊断功能后，选择某条高级功能，根据界面提示操作，直到完成。

6. 打印功能

此功能用于将诊断报告生成图片保存或连接打印机直接打印。打印信息包括：版本信息、故障码、数据流。操作方法如下：

1) 在执行了读版本信息、读故障码或读数据流任意操作后，单击左下角的"打印"按钮。
2) 勾选需要打印的复选框。
3) 输入诊断报告的相关信息。
4) 单击"保存"按钮，将诊断报告生成图片保存到默认路径；单击"打印"按钮，直接打印诊断报告。单击"打印"按钮之前，确保KT770主机已连接可用的打印机。

八、维修指导

维修指导功能专门提供了汽车维修的指导信息，供维修人员参考。操作方法如下：

1）在主界面，单击"维修指导"图标，进入维修指导功能界面，如图 1-132 所示。

图 1-132　维修指导界面

2）如图 1-133 所示，选择需要查看的车型品牌，即可进入该车型的维修指导。

图 1-133　相应车型维修指导

3）如图 1-134 所示，单击高亮的标题阅读相关的帮助。

4）当查看了某屏内容后，滚动条左边会出现"上一章""回目录"和"下一章"高亮显示的字样，单击即可跳转到相关的内容页。

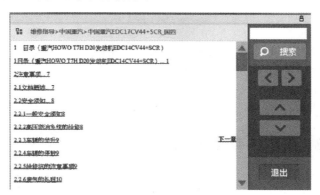

图 1-134　点击高亮的标题阅读相关的帮助

九、结束使用

KT770 使用完成之后,为确保车辆的电子系统状态正确并对诊断工具加以充分的利用,需要进行以下几个步骤:

1) 关闭 KT770 主机。
2) 将测试延长线和诊断插头从 KT770 主机和汽车诊断座上拔下。
3) 若 KT770 主机使用了外接电源,将外接电源从主机上拔下。若使用电源延长线和点烟器供电线或蓄电池夹供电线给 KT770 主机供电,将电源延长线和点烟器供电线或蓄电池夹供电线从 KT770 主机和汽车上拔下。
4) 将所有使用的部件都放回仪器箱内,并置于安全、干燥的地方妥善保管。

第四节 X-431 PRO3 汽车故障诊断仪

X-431 PRO3 汽车故障诊断仪是针对互联网应用而开发的基于 Android 系统的新型汽车故障诊断设备。X-431 PRO3 完全替代了 X-431 Ⅳ及 Diagun Ⅲ产品,继承了车型覆盖广、测试功能强大、特殊功能多及测试数据准确等诸多优点,通过汽车诊断插头与移动智能终端的蓝牙通信,实现全车型、全系统的汽车故障诊断。

一、诊断仪的特性

(1) 诊断功能和特点
1) 可检测进口及国产大部分车型电控系统故障,诊断功能包括读故障码、清故障码、读数据流、特殊功能等。
2) 提供诊断社区服务、在线维修支持、车友圈子好友互动等功能。
3) 进行客户管理,建立客户信息档案,实现一对一的远程诊断服务。
4) 专门针对 Android 平台设计,软件界面简洁、美观,操作方便。
5) DBScar 诊断插头与 X-431 PRO3 通过蓝牙无线通信连接,连接方便。
6) 定制 X-431 PRO3 保护外壳,使用放心。
(2) 浏览器 内置 WiFi 模块,轻松联网查看文字、影像及其他资讯。
(3) 电子邮件 可发送和接收邮件信息,还可添加常见 Web 电子邮件服务提供者的外部 POP3 或 IMAP 电子邮件账户。
(4) 搜索功能 快速、便捷地定位要查找的内容。
(5) 文件管理 可对 SD 卡内的文件和下载文件进行管理。
(6) 设置 该选项可进行个性化设置 X-431 PRO3。
(7) 其他辅助功能 包括闹钟、日历和计算器等。
(8) 应用程序 可自定义安装和卸载其他应用程序。

二、X-431 PRO3 整机结构

1. 整机介绍

如图 1-135、图 1-136 所示,X-431 PRO3 整机由 X-431 PRO3 平板电脑、保护胶套和 DBScar 诊断插头(红黑色)组成。

第一章 通用型汽车诊断仪器

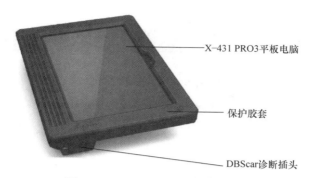

图 1-135　X-431 PRO3 整机结构

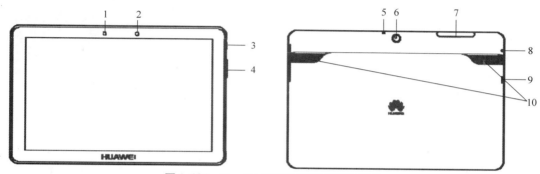

图 1-136　X-431 PRO3 平板电脑外观图

1—光线强度感应器　2—前摄像头　3—电源键　4—音量调节键　5—送话器　6—后摄像头
7—卡槽　8—耳机、送话器复合式插孔　9—Micro USB 接口　10—充电器

2. 诊断插头

如图 1-137 所示，相应图注及功能见表 1-13，DBScar 诊断插头与 X-431 PRO3 捆绑使用，此诊断插头不使用时，可将其放在 X-431 PRO3 保护套内。

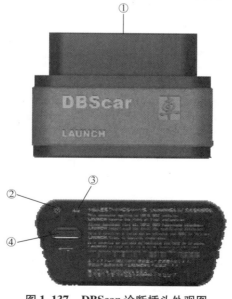

图 1-137　DBScar 诊断插头外观图

73

表1-13 DBScar诊断插头各部分名称及功能

序号	名称	功能
①	OBD-16 诊断插头	用于连接车辆 OBD2 诊断座
②	电源指示灯	将诊断插头插入汽车 OBD-Ⅱ诊断座位置上时，电源指示灯会亮
③	通信指示灯	当诊断插头与手机蓝牙连接成功或诊断插头复位时，该指示灯会闪烁
④	Micro USB 接口	用于通过 USB 线连接电脑或元征公司的诊断设备

GOLO诊断插头适用于个人车主，图1-138所示的GOLO诊断插头与图1-137所示的DBScar诊断插头的接口和指示灯都一样。

注意：此GOLO诊断插头（选配）适用于个人车主，可与基于安卓平台的智能手机终端联合使用，但使用前，必须安装相应的个人诊断终端，不能与X-431 PRO3配合使用。

3. 性能参数

X-431 PRO3的性能参数见表1-14，DBScar插头参数见表1-15。

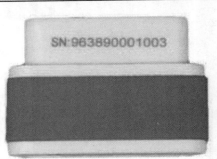

图1-138 GOLO诊断插头

表1-14 X-431 PRO3的性能参数

项目	参数	项目	参数
操作系统	Android	触摸屏类型	电容式触摸屏
处理器类型	1.2GHz 四核处理器	摄像头	后摄像头320万像素
电池特性	6600mA 聚合锂电池	WiFi功能	支持WiFi无线上网
扩展存储卡	最大支持32G Micro SD（TF）卡	蓝牙功能	支持
内存容量	1GB	工作温度范围	-10 ~ 55℃
存储容量	8GB	存储温度范围	-20 ~ 70℃
屏幕尺寸	10.1in	重量	约640g（含电池）
屏幕分辨率	1024×800	外观尺寸	257.4mm×175.9mm×9.9mm

表1-15 DBScar插头参数

项目	参数	项目	参数
工作电压	9 ~ 15V	存储温度	-30 ~ 70℃
工作平均电流	约35mA	存储湿度	<80%
待机电流	约25mA	工作湿度	<60%
工作温度	-20 ~ 55℃	净重	约26g

4. 包装清单

购买时，请检查包装盒如下附件清单：X-431 PRO3平板电脑（含X-431 PRO3主机软胶套）、密码信封、DBScar诊断插头、OBD-Ⅱ诊断插头延长线、点烟器线、电源适配器、主机USB数据线、非16针诊断插头。

三、使用前准备

1. X-431 PRO3 充电

1）将充电器与随机配送的 USB 连接线连接。

2）将充电器电源插头插入电源插座。

3）将 USB 线与 X-431 PRO3 连接，电池状态图标显示为 ▮，表示已经开始充电。

4）当电池图标显示为 ▮，表示充电已经完成，断开充电器与电源插座的连接。

5）断开充电器与 X-431 PRO3 的连接。

2. 使用电池

1）如果电池长期未使用或电池电量耗尽，在充电时可能无法正常开机，这是正常现象。请给电池充电一段时间后，再开机使用。

2）电池可以反复充电。但电池属于易损耗品，长时间使用后，X-431 PRO3 待机时间会缩短。因此，请避免频繁反复充电，以延长电池使用寿命。

3）电池充电时间随温度条件和电池使用状况而变化。

4）当 X-431 PRO3 电量不足时会发出提示。当电池电量过低时会自动关机。

3. 开机和关机

（1）开机　长按电源键直至感觉到 X-431 PRO3 有轻微振动，表示 X-431 PRO3 已开机。

注意：第一次使用 X-431 PRO3 或长期未使用 X-431 PRO3，它可能会无法开机，这可能是由于电池电量过低所致。请先给 X-431 PRO3 充电一段时间后再尝试开机。

（2）关机　长按电源键至屏幕弹出对话框，根据对话框的提示进行关机操作。

4. 手指体验

触摸屏的使用规则见表 1-16。

表 1-16　触摸屏的使用规则

手势符号	功能
	单击：触碰项目或应用程序一次，可以选择项目或启动应用程序
	双击：连续触碰屏幕两次，可以放大当前显示的画面
	长按：按住当前操作界面或区域，直到屏幕显示相应操作的选项菜单后松开手指
	滑动：向上下左右滑动手指，可以切换画面
	拖动：按住桌面图标，然后将其拖放到屏幕其他位置

（续）

手势符号	功能
	张合：用两只手指（例如大拇指和食指）触碰屏幕，然后滑动手指调节手指间的距离，可以对屏幕内容进行放大或缩小。例如，您在查看照片或浏览网页时，可以通过此操作实现缩放画面

5. 解锁屏幕

X-431 PRO3 支持多种锁屏方式，不同的锁屏方式对应的解锁操作各不相同。解锁步骤为：①按电源键唤醒屏幕。②根据图 1-139 中屏幕提示，向右拖动 🔒，触碰到 🔓，完成解锁。

图 1-139　屏幕解锁过程

6. 主屏幕布局

X-431 PRO3 在屏幕布局上做了精心设计。屏幕布局如图 1-140 所示，通过屏幕可查看信息或者进行各种控制操作。

图 1-140　主屏幕相关图标功能

1—单击 ▢ 查看最近使用过的应用程序和正在运行的应用程序　2—单击 ⌂ 返回到主屏幕
3—单击 ◁ 返回上一页面　4—显示时间、无线局域网连接状态和信号强度、电池状态以及其他信息；单击数字时钟可以打开通知面板　5—单击 ▽ 隐藏操作栏，由屏幕底部向上轻轻滑动即可恢复操作栏
6—显示窗口小部件和应用程序图标　7—单击 ➕ 增加窗口小部件

7. 状态提示栏

状态提示栏会显示不同的图标，便于了解 X–431 PRO3 的状态。图示说明见表 1-17。

表 1-17　图示说明

图标	含义	图标	含义
	已启用飞行模式		已启用蓝牙
	GPS 正在定位		正在充电
	电池电量已充满		电池电量过低
	新邮件		正在准备 microSD 卡
	事件提醒		闹铃提醒
	正在上传		正在下载
	内存已满		登录/同步发生问题
	正在同步数据		同步失败
	已连接至计算机		已开启 USB 绑定
	检测到可用的无线局域网		已连接至无线局域网

四、DBScar 插头连接与设置

1. DBScar 插头与车辆连接

DBScar 插头与车辆连接步骤如下：

1）找到汽车上的诊断座，此诊断座大部分为标准 OBD Ⅱ 16PIN（非 OBD Ⅱ 16PIN 的诊断座，需要使用转接头），一般安装在驾驶员侧，离仪表盘中央 12in 的地方，如图 1-141 所示。如果 DLC 不是安装在仪表板下方，也会有一标签标示出其正确位置。如果找不到 DLC 位置，请查阅相关维修手册。

2）将 X–431 PRO3 的 DBScar 诊断插头插入诊断座（建议使用 OBD–Ⅱ 延长线将 DBScar 诊断插头与汽车诊断座相连）。对于非 OBD–Ⅱ 16PIN 的诊断座，将转接头插入诊断座中，然后将 DBScar 诊断插头插入转接头中。

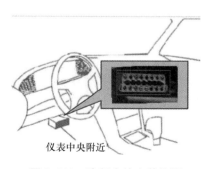

图 1-141　诊断座的安装位置

2. 蓝牙设置

进入 X-431 PRO3 蓝牙设置（"设置"-->"无线和网络"-->"蓝牙"）界面，将蓝牙设置为"打开"状态，X-431 PRO3 将自动搜索可用蓝牙，然后以列表形式显示出来。单击插头名称进行配对，如配对成功，则系统会显示其为已配对设备。插头默认名称：98279＊＊＊＊＊00（其中＊＊＊＊＊代表5位数字）。

注意：如用户使用软件前未进行蓝牙配对，也可以在诊断软件中进行蓝牙配对和连接。

3. 诊断流程

对于初次使用的客户，可按照图1-142所示流程逐步熟悉并开始使用产品。

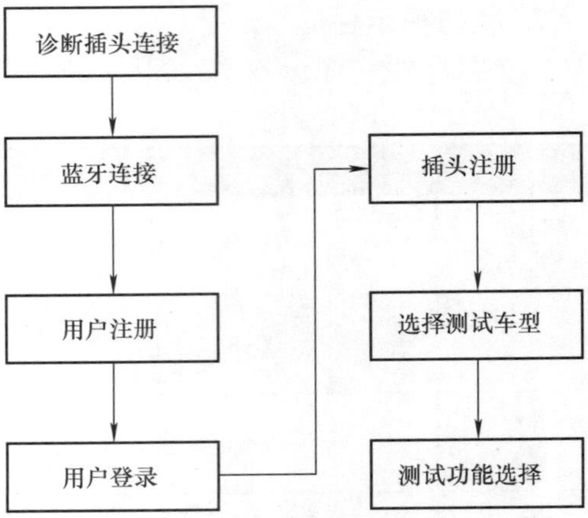

图1-142 诊断流程

五、用户注册与插头注册

1. 用户注册

单击桌面上的 图标进入诊断软件，系统弹出免责声明，单击"我已阅读"进入诊断软件登录界面，如图1-143所示。

图1-143 登录或用户注册

如果未注册，向右滑动进入注册页面，如图1-144所示。在图1-144中，依次填写注册信息，输入完成后，单击"注册并登录"，系统进入图1-145所示提示界面。在图1-145中，单击"注册接头"（软件界面中"接头"即为插头）开始注册插头。输入产品序列号和序列号密码，然后单击"确定"，出现图1-146所示界面。

图1-144 用户注册界面

图 1-145 注册成功

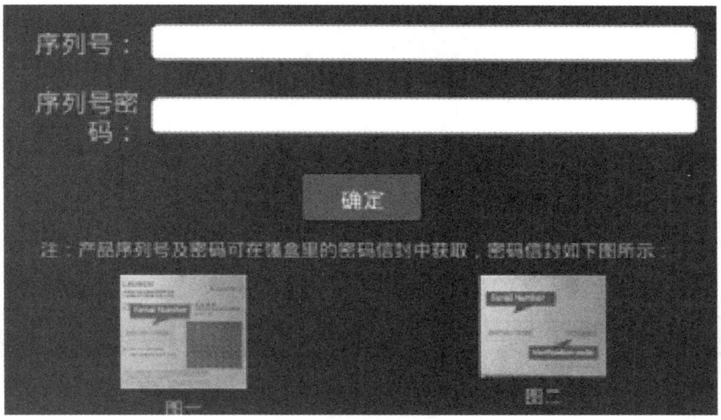

图 1-146 注册插头

注意：产品序列号及密码可在包装盒里的密码信封中获取。也可以在"用户管理"中单击"X－431 PRO3 诊断接头注册"进行注册。

2. 诊断软件界面介绍

如图 1-147 所示，单击 进入诊断功能菜单选择，共包含有以下功能：

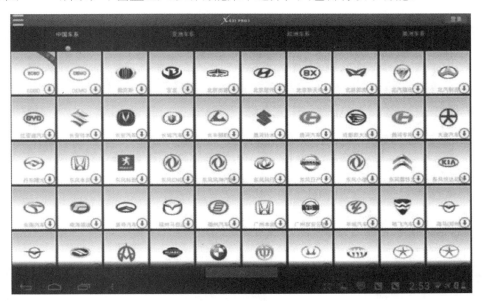

图 1-147 诊断界面

1) 汽车诊断：进入汽车诊断功能。
2) 维修资料库：提供海量的维修资料供车主和维修人员查阅和参考。
3) 我的空间：查看诊断报告和操作记录。
4) 即时资讯：查看元征最新资讯和产品动态。
5) 客户管理：用于维护客户关系，如建立客户信息档案、远程诊断服务等。
6) 一键升级：一键升级所有选中的诊断软件。
7) 用户管理：对个人信息进行维护和管理。
8) 更多功能查看软件版本信息和用户手册。

进入其他功能时，单击屏幕下方的 ⌃ 将浏览窗口展开。浏览资讯时可以单击 ⊕ 或 ⊖ 进行放大或缩小。

3. 插头注册

注册成功后，单击主界面中的 ≡，然后单击"用户管理"（图1-148）进入。在用户管理界面单击"X–431 PRO3 诊断接头注册"，弹出如图1-149所示界面。按要求输入序列号及序列号密码，然后单击"注册"。

图1-148 单击"用户管理"进入

图1-149 诊断插头注册

注意：产品序列号及密码可在包装盒里的密码信封中获取，密码信封如图1-150所示。当插头注册成功后，系统将有相应的提示信息。

六、故障诊断

单击主界面中的 ≡，然后选择"诊断"，系统进入车型选择界面，如图1-147所示。

第一章　通用型汽车诊断仪器

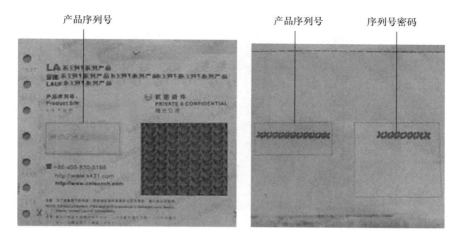

图 1-150　产品序列号及密码获取

下面以 Demo 为例，介绍如何开始进行诊断。

单击 Demo，系统会提示进行蓝牙配对和连接（如未在"设置"进行蓝牙配对，则会显示未连接和未配对），如已进行过配对，则会显示未连接，已配对，如图 1-151 所示。

图 1-151　蓝牙配对和连接

选择已匹配的插头进行连接（如插头未进行过匹配，则也只需单击该插头即可），如连接成功，系统会提示相应信息。蓝牙连接成功后，系统进入如图 1-152 所示软件版本选择界面。

如需检测当前版本是否为最新版本，则单击"检测最新版本"，如为最新版本，单击屏幕上的版本开始初始化，初始化完成后，屏幕显示如图 1-153 所示。单击"演示"，进入系

图 1-152　软件版本选择界面

统选择界面，见图 1-154；如需要返回上一层目录，单击屏幕上方的 ⮌。

图 1-153　初始化后的显示

图 1-154　进入系统选择界面

以发动机为例，单击"发动机系统"，初始化完成后，屏幕将显示功能选择界面（图 1-155）。如需要返回上一层目录，单击屏幕上方的 ⮌。

1. 读取故障码

在图 1-155 所示的功能选择页面单击"读取故障码"，屏幕将显示诊断结果。

1）生成当前文字报告：将当前诊断结果以文本格式保存。

2）生成截图报告：将当前屏幕进行截图，然后以图片形式保存。

图 1-155　屏幕显示功能选择界面

如要查看保存的诊断报告，单击"我的空间"中的"诊断报告"。

2. 清除故障码

在图 1-155 所示的功能选择页面单击"清除故障码"，系统将自动删除当前存在故障码并弹出"清除故障码成功"对话框。

3. 读取数据流

在图 1-155 所示的功能选择页面中，单击"读取数据流"，进入数据流选项选择界面，见图 1-156。勾选数据流前的复选框选择需读取项，然后单击"确定"，如需选择全部，单击"全选"，如需取消选择，再次单击即可。如需要返回上一层目录，单击屏幕上方的 。通信完成后，系统将显示选择项的动态数据，见图 1-157。

图 1-156　数据流选项选择界面

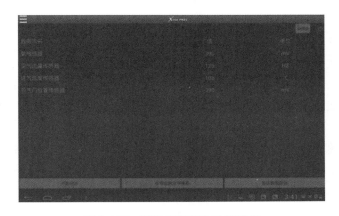

图 1-157　显示选择项的动态数据

屏幕按钮说明如下:
1)数据流:单击此按钮,在弹出的对话框中选择需要查看的数据流选项,然后单击"确定"按钮查看其波形图,见图1-158。

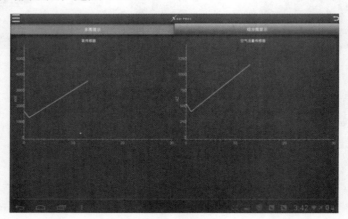

图1-158 查看其波形图

2)开始记录:用于记录诊断数据,以便用户进行回放和查看。所保存的文件以开始记录的系统时间进行命名,其存放于"我的空间"的"诊断报告"的"诊断回放"菜单下。

3)生成当前文字报告:将当前时刻数据以文本格式进行保存。

4)生成截图报告:截取当前屏幕数据,然后以图片格式进行保存。单击某一项,系统将以波形式显示数据变化情况。如需停止读取,单击 ▇ 即可。单击 ▇ 返回至功能选择界面。

4. 特殊功能

特殊功能主要用来测试汽车相关电子部件工作是否正常,包括喷油器动作测试、燃油泵测试、净化控制电磁阀测试等。单击"特殊功能",系统会弹出可用的特殊功能列表。

如需测试第一缸喷油器动作,单击"1#缸喷油嘴",系统将开始执行该项测试功能。完成后,系统会弹出一个对话框提示测试已完成。其他特殊功能测试方式与之类似,具体操作可参照发动机系统诊断操作。

七、维修资料库

本资料库提供各种车型及各车系的海量维修资料,用户可以进行查阅。单击主界面上的"维修资料库"进入,单击屏幕下方的 ▇ 将浏览窗口展开,系统进入如图1-159所示页面。

注意: 为保证成功使用维修资料库,请确保 X-431 PRO3 联网正常。

选择某个车型,然后选择该车型中的某个车系,单击需要查看的车系进入,见图1-160。然后选择需要查看的系统的维修资料进行浏览。单击 ▇ ,返回上一步操作。浏览时可以使用手指向外伸展或向内收拢进行放大或缩小。

图 1-159　进入维修资料库界面

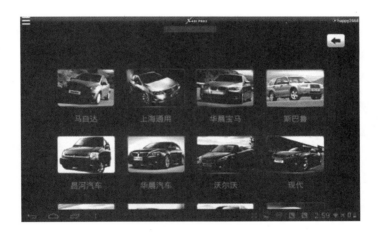

图 1-160　相应车系的维修资料库

八、其他相关内容

1. 我的空间

我的空间共有两个选项：诊断报告和操作记录。

（1）诊断报告　此功能用于查看或回放在进行汽车诊断时生成的诊断报告或录制的行车记录。此外，用户还可以对诊断报告进行删除、发送和回放等操作。单击"诊断报告"，屏幕下方会显示所有诊断报告，单击某个报告进入查看。

如在读数据流过程中，用户录制了数据流运行参数，此时屏幕会显示"诊断回放"选项，如图 1-161 所示。单击需要查看的诊断报告进入，屏幕显示如图 1-162 所示。

1）用户可进行如下操作：

① ：重新命名该诊断报告名称。

图 1-161　诊断回放

图 1-162　查看诊断报告

② ⌫：删除查看中的报告。

③ @：发送此报告。用户可选择的发送方式共有三种：电子邮件、蓝牙和信息。

单击需要查看的诊断回放进入，屏幕显示如图 1-163 所示。

2）屏幕按钮说明：

① ⌫ 删除：删除查看的数据流录制报告。

② Aa 字符：以字符形式回放数据流诊断报告。

③ ▣ 图形：以波形图形式回放数据流诊断报告。

（2）操作记录　该功能用于查看诊断操作记录。

2. 即时资讯

即时资讯用于实时查看在线资讯。单击主界面的"即时资讯"，系统会弹出相关的资讯标题，单击要查看的标题浏览具体资讯内容。

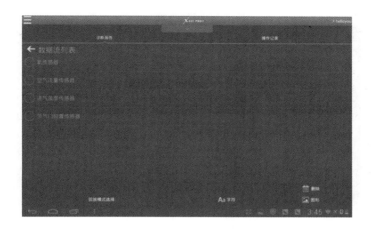

图1-163　诊断回放

3. 客户管理

客户管理功能用于维护客户关系，如建立客户信息档案、远程诊断服务。单击"客户管理"进入如图1-164所示界面。各项目说明如下：

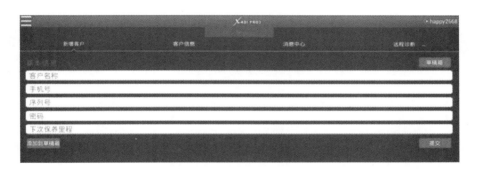

图1-164　客户管理界面

1）新增客户：新增客户信息，建立客户信息档案。

2）客户信息：查询和编辑客户信息，包括客户基本信息（基本信息中的序列号及密码即为车主 GOLO 诊断插头的序列号及密码）、GOLO 诊断插头的配置信息及客户下载功能等情况，同时还可设置下次保养里程提醒功能。

3）消息中心：维修厂可以对其客户定期发布一些营销咨讯和优惠活动宣传。

4）远程诊断：接收 GOLO 插头远程发送来的车辆诊断信息报告，用于远程诊断服务。

4. 一键升级

如有多个已下载的车型诊断软件需要更新，单击"一键升级"，可同时选择多个车型进行升级（图1-165）。勾选需要下载的软件，如需取消，取消勾选即可。如需升级所有软件，单击"全选"；选择完成后，单击"下一步"；单击"下载"开始下载。

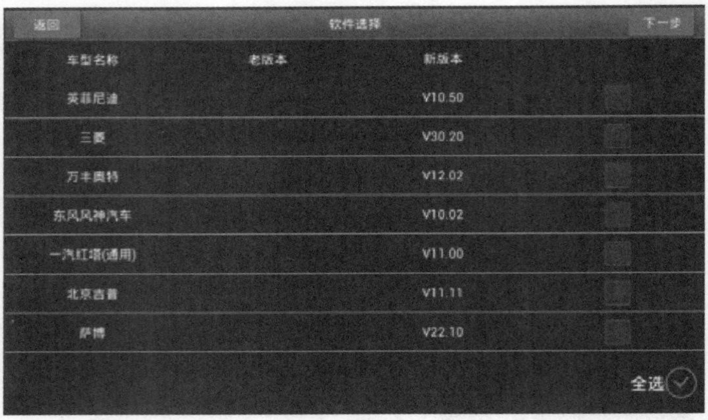

图 1-165　一键升级

注意：下载单个诊断车型时，系统会提示用户已经为最新版本，此时用户无须下载。但使用一键升级时，不管当前车型的诊断软件是否为最新版本，系统均会下载该软件。

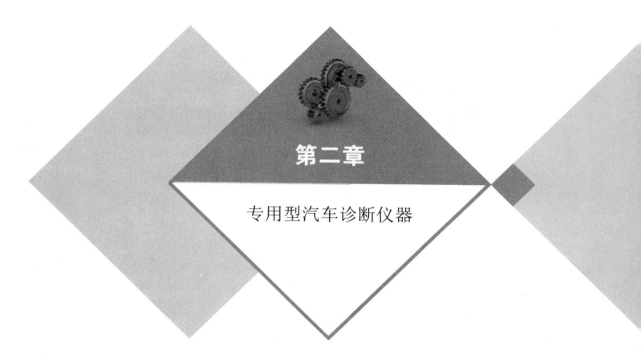

第二章

专用型汽车诊断仪器

专用型汽车故障诊断仪除了具备通用诊断仪的各种功能外,还有参数修改、数据设定、防盗密码的设定与更改等多种特殊功能。专用汽车故障诊断仪是汽车厂家自行或委托设计的专业测试仪器,它专业性强、测试功能完善,但通常只适用于本厂家所生产的车型。本章以宝马 ISTA 车辆诊断系统、VAS5054A 操作手册、TECH2 通用汽车故障诊断仪、IT – Ⅱ 检测仪为例进行说明。

第一节 宝马 ISTA 车辆诊断系统

BMW ISTA 诊断系统集诊断与维修手册为一体,与大众、奥迪、奔驰等其他品牌同类系统相比具有更好的便捷性,是汽车维修中必备的工具。它的特点包括:可以在基本特性中查找所需要的车辆信息;可以通过输入车辆 VIN 的后 7 位数查找需要的车辆信息;可以通过读取车辆数据,获得需要的车辆信息;可以通过列表获得之前诊断过的车辆信息。

一、启动 ISTA 维修车间系统

启动 ISTA 维修车间系统的方式有两种:在 Windows 桌面上双击图标,在程序文件夹中选择"开始/所有程序/BMW Group ISPI Next/BMW Group ISTA",以打开应用程序。

启动 ISTA 后,首先会显示开始屏幕(图 2-1)。在开始屏幕中显示一个新信息列表。显示时间段可在管理程序中进行设置。

阅读完"使用 ISTA 的提示"后,便可以单击"继续"按钮关闭对话框。如果想从开始屏幕打开一个服务流程,可选择菜单"服务流程"。

二、通过"读取车辆数据"选择车辆

在开始屏幕上选择了菜单"服务流程"后,维修车间系统便会切换至菜单选项"新建"下的"车辆识别号"选项卡。可以通过读取车辆数据识别车辆并自动创建一个相关的

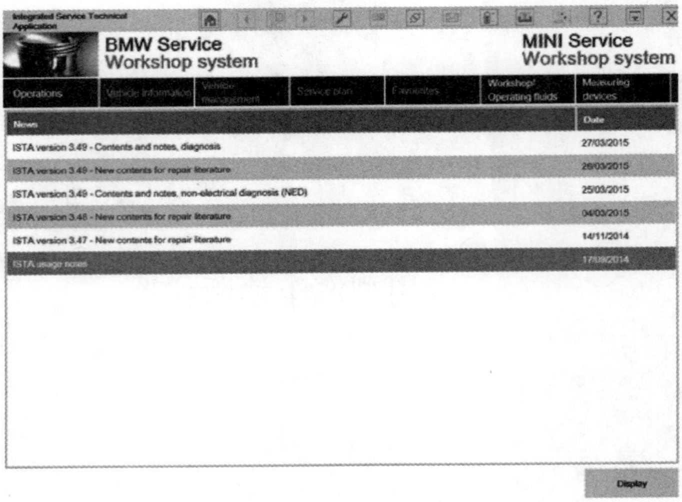

图 2-1 开始屏幕

服务流程，操作步骤如下：
1）在导航区域内单击主菜单选项"服务流程"。
2）如图 2-2 所示，选择选项卡"读取车辆数据"并执行规定指令。
3）单击"不进行车辆测试的识别"按钮或"完整识别"按钮。

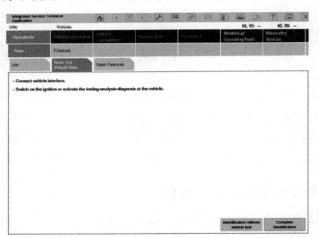

图 2-2 准备读取车辆数据

如图 2-3 所示，打开连接管理器，在连接管理器的工作区内记录了修理厂的 ISTA 通信设备（ICOM）。选择与待识别车辆连接的 ICOM，确认哪一个 ICOM 已连接在要识别的车辆上。某些车型系列的"车辆识别号"一栏中会显示所连接车辆的车辆识别号。选择连接管理器中相应的行，并单击"建立连接"按钮。

建立与车辆的连接首先是车间系统进行车辆识别，系统会读取车辆识别号以及车辆的其他数据，识别进程将通过一个进度条显示出来。

注意：如果 ICOM 的状态是"固件"且不能选择，则必须先进行 ICOM 固件更新。

第二章 专用型汽车诊断仪器

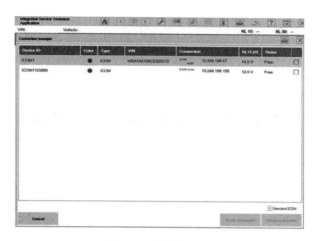

图 2-3 连接管理器

三、启动车辆测试

如果通过"读取车辆数据"和"完整识别"调用了车辆身份识别,则在完成车辆识别后会自动启动车辆测试(图 2-4),然后会进行 FASTA 数据检测。在进行车辆测试的过程中,会显示控制单元树页面。

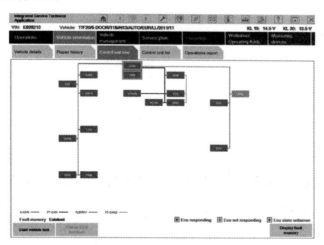

图 2-4 车辆测试

在此处可以观察控制单元安装情况的测定过程。如果没有控制单元树,则会自动显示"控制单元列表"页面。控制单元树包含所有在已识别车辆中安装的控制单元,显示了控制单元与相应总线系统的配置关系。依次识别控制单元并读取其故障码存储器的故障记忆,之后颜色将转换为已识别状态的显示。在需要时可以从屏幕中重新启动车辆测试或调用控制单元功能,以读取测量值或激活程序。

为了进入检测计划,必须首先显示故障码存储器,操作方法为单击"显示故障码存储器"按钮。

91

四、显示故障码存储器中的故障记忆

如图 2-5 所示,完成车辆测试后,通过单击"显示故障码存储器"按钮便可以进入"故障码存储器"页面。该页面列出了所读取的故障码及相应说明。

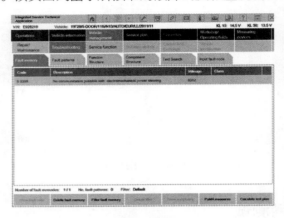

图 2-5　显示故障码存储器中的故障记忆

在引导性故障查询结束时,可以执行功能"删除故障码存储器"。若要启动引导性故障查询,需要先计算一个检测计划,可单击"计算检测计划"按钮。

五、编辑检测计划

如图 2-6 所示,检测计划中列出了可能是故障原因的部件和功能,会显示与部件和功能相配的文件和程序(在"类型"中用"ABL"标出)。文件和程序在"类型"中以缩写形式标出。

程序确定故障并给出关于排除的提示。从检测计划中选择所需的程序,单击"显示"按钮。

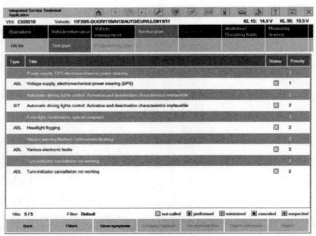

图 2-6　检测计划

注意：检测计划中的优先级不能强制规定过程的调用。优先级被视为执行的建议。

如图2-7所示，程序主要用于查找故障原因，此外还可通过程序执行服务功能。在一个过程内，可以显示相关信息以及读取或输入测量值。此外在程序中还可通过选择屏进行查询。

在执行完一个过程后，如果需要，可将其他故障查询或故障清除所需的附加信息添加到检测计划中。完成检测计划后，应该执行功能"删除故障码存储器"。

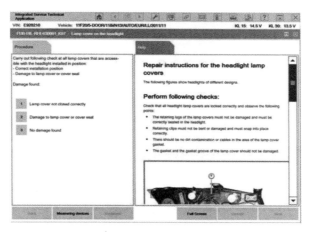

图2-7　流程示例

六、编程

以前人们使用不同的系统来进行车辆诊断（ISTA）和编程（ISTA/P），因此，在通过软件修复进行车辆修理时，需要多次进行系统切换。

对ISTA进行扩展，整合车型系列F、G和I编程所需的所有功能，可以将修理厂流程的时间需求降至最小。以前必须进行的系统切换操作现已取消，由此也可以避免多次重复执行某些功能，例如重新识别所安装的控制单元。与编程相关的功能可通过如图2-8所示菜单访问。

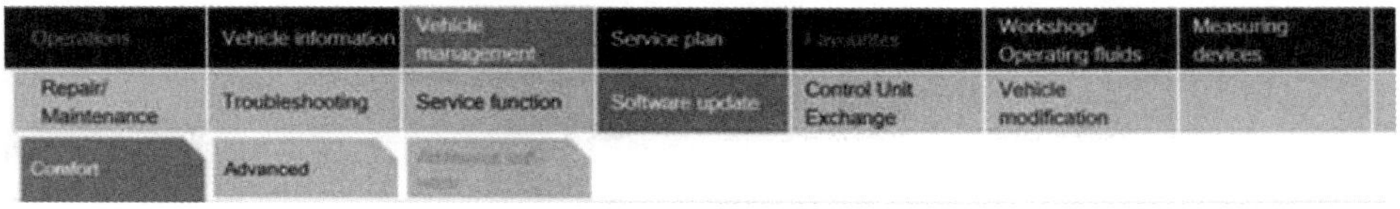

图2-8　车辆处理/软件更新菜单

1. 启动编程

可以通过"车辆处理/软件更新"菜单进入编程。首先，将计划的操作步骤总结到措施计划中。进行车辆测试后确定的措施计划可在选项卡"舒适"中直接执行，或者先手动补充到选项卡"扩展"中，然后进行计算并执行。操作方法如下：

1）舒适软件更新。如图2-9所示，通过舒适软件更新，可在已确定的措施计划的基础上，在不添加其他用户操作的情况下编程至最新集成等级。在此菜单中，无法手动选择额外的操作。所需的初始化设置和后处理都将在计算措施计划时自动添加。舒适软件更新可通过操作栏中的"执行措施计划"按钮执行。

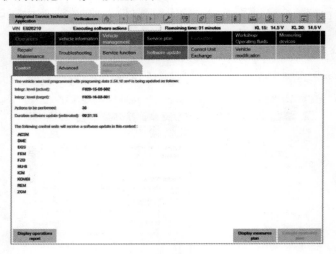

图 2-9　舒适软件更新

如图 2-10 所示,在开始执行措施计划时会显示编程的前提条件。必须满足并确认这些前提条件。在此情况下还必须遵守"编程准备"中的规定。软件更新结束时会显示一条信息,必须确认该信息。如果还有尚未执行的操作,则在确认信息后会自动显示措施计划。

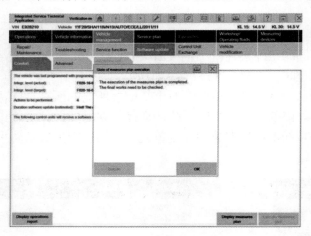

图 2-10　措施计划执行结束

为确保已编程车辆的全面试运行,必须执行措施计划中的结束性服务功能。完成措施计划和服务功能后,将显示"总结报告",此报告中记录了所执行的工作。

2)扩展的软件更新。如图 2-11 所示,通过扩展的软件更新,可手动为已计算完成的措施计划选择需额外编程或设码的控制单元。

将相应措施计划补充,通过按钮"显示措施计划"可以打开选项卡"措施计划",如图 2-12 所示。

通过按钮"计算措施计划"可以更新手动添加到措施计划中的操作,并通过按钮"执

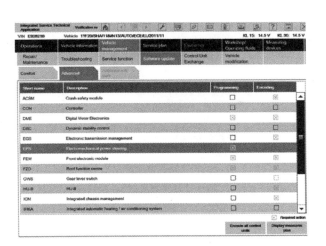

图 2-11　扩展的软件更新

行措施计划"执行。在开始执行措施计划时会显示编程的前提条件，必须满足并确认这些前提条件。在此情况下还必须遵守"编程准备"章节中的规定。

为确保已编程车辆的全面试运行，必须执行措施计划中的结束性服务功能，见"后处理和结束性服务功能"章节。

3）编程准备。正确的车辆准备和后处理是实现无故障编程的基本前提条件。

4）后处理和结束性服务功能。如图 2-13 所示，完成编程后，例如匹配、初始化设置等后处理工作将在"准备/后处理"中自动执行。只有措施计划中的服务功能需要手动执行。如果自动后处理失败，则将安排在措施计划的"服务功能"下手动执行。

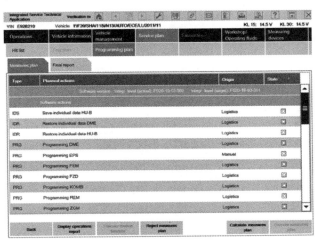

图 2-12　手动扩展的措施计划

必须执行服务功能，这样才能确保将无故障的车辆转交给客户。为此，必须单独选择每一项待执行的服务功能，并操作按钮"执行服务功能"。

5）后处理/故障排除。有以下案例：

① 在车辆处理过程中无法关闭点火开关。在编程过程中，偶尔会出现点火开关无法关

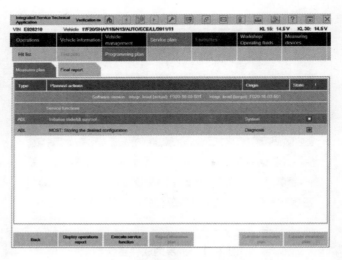

图 2-13　必须完成结束性服务功能

闭的情况。为避免这种情况的发生，注意以下操作顺序：
  a. 将驾驶员安全带插扣插入安全带锁扣中。
  b. 切换总线端 KL15。
  c. 插入 ICOM。
  d. 启动 ISTA 过程。

②　以太网控制单元的 IP 地址无效。在过程启动时，ISTA 中出现一段提示文字，提示 IP 地址无效。要按以下步骤进行操作，否则以太网控制单元的编程可能会失败：
  a. 结束 ISTA 过程。
  b. 将车辆电池复位。
  c. 重新启动过程。
  d. 如果继续显示故障信息：根据 ISTA 中的电路图检查车辆中的以太网接线。
  e. 如果继续显示故障信息：联系技术支持部。

③　外购软件导致取消编程。某些安装的安全软件（杀毒软件或防火墙）可能会导致不同以太网控制单元（例如 NBT、ATM、FRR、SAS、ICAM、KAFAS、RSE、KOMBI）的编程被取消。

6）执行锁定。通过执行锁定可以防止有缺陷的软件通过编程被传输到客户车辆上。

如图 2-14 所示，有一般执行锁定和可借助 IBAC 许可代码解锁的执行锁定两种不同的执行锁定。如果存在一般执行锁定，则使用当前的 ISTA 版本无法为车辆进行编程。ISTA 支持的其他应用，例如诊断和修复等不受执行锁定的影响，可以随时执行。

在执行锁定时，只有输入 IBAC 许可代码后才可以执行措施计划。

2. 更换控制单元

为确保新控制单元的功能作用，需要通过软件、设码以及许用等使车辆中的控制单元进入兼容状态。此外，还必须从被替换的控制单元中读取控制单元特定的数据（例如个人数据），并传输到新的控制单元中。这将在执行引导性更换期间进行。可通过引导性更换（标准）和非引导性更换两种方式更换控制单元。

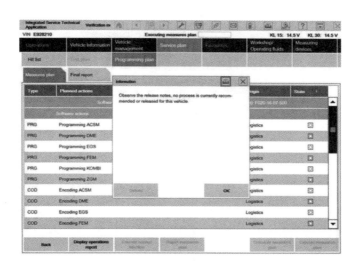

图 2-14　一般执行锁定

3. 车辆改装

选项卡"车辆更改"中提供用于执行加装、改装（仅设码）、恢复性改装和直接措施的功能。操作方法如下：

1）加装。如图 2-15 所示，在选项卡"加装"中，提供车辆可用的所有加装项目（按字母顺序排列）。加装时不仅要在车辆上进行改装，还需要进行编程。

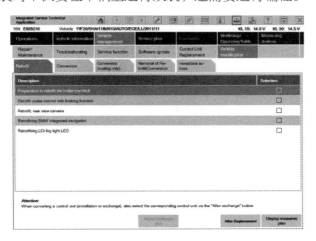

图 2-15　加装

2）改装。如图 2-16 所示，在选项卡"改装"中，提供车辆可用的所有改装项目（按字母顺序排列）。改装时可能不仅要在车辆上进行改装，还需要进行编程。

七、打印过程记录

如图 2-17 所示，如果需要过程记录或简要版过程记录，可以直接打印。对于保修和审查目的，简要版过程记录便可满足需要。

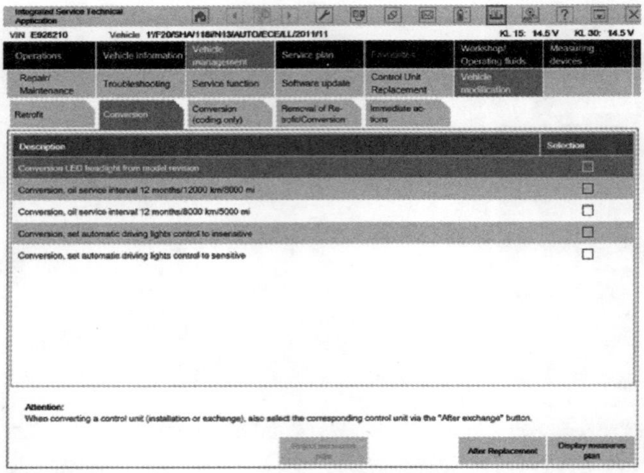

图 2-16 改装

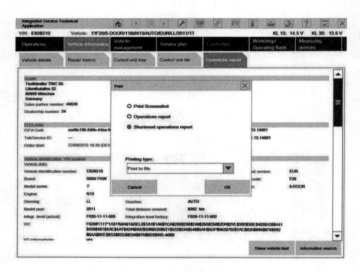

图 2-17 打印过程记录

可按如下方法打印过程记录：
1）单击选项卡"车辆信息"并选择选项卡"服务流程记录"。
2）单击图标栏中的打印图标。
3）在选项窗口中将显示打印选项。

八、退出过程

"退出过程"信息如图 2-18 所示。结束过程通过单击选项卡"服务流程"实现，单击"OK"确认"结束服务流程"信息，随后显示过程列表。现在该过程被接受到过程列表中，必要时可在该处重新打开。

第二章 专用型汽车诊断仪器

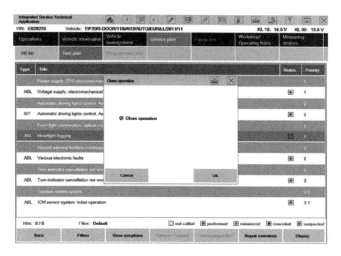

图 2-18 "退出过程"信息

第二节 VAS5054A 操作手册

大众和奥迪车上的诊断仪器最初是 V. A. G1550,在该仪器的基础上又成功地开发出 V. A. G1551 和 V. A. G1552。但当今的汽车都装备了电子装置,这些电子装置要求更多的诊断功能。大众公司又相继开发出了 VAS5051、VAS5052、VAS5053 以及 VAS5054A 来应对配置越来越复杂的车型。

1. VAS5051 和 VAS5051B

车辆诊断、测量和信息系统 VAS5051(图 2-19)是以个人计算机(PC)作为基础的检测仪器,它的功能包括:车辆自诊断、OBD(车上自诊断)、测量技术、故障导航、导航功能、管理和应用。

VAS5051B(图 2-20)具有车辆诊断、测量和信息系统功能,是 VAS5051 的改进型,增加了功能,速度也更快了。

图 2-19 VAS5051

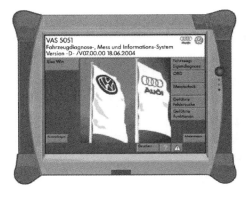

图 2-20 VAS5051B

2. VAS5052

车辆诊断和信息服务系统 VAS5052（图 2-21）有的功能包括：车辆自诊断、OBD（车上自诊断）、故障导航、导航功能、Elsa Win、管理及应用。

注意：只有在服务站的仪器联网后才能使用新信息和全部的功能。

3. 车辆诊断系统 VAS5053

车辆诊断系统 VAS5053（图 2-22）外型小巧，适合在接车、修车和移动的场合使用。车辆诊断系统 VAS5053 的功能包括：车辆自诊断、OBD、故障导航、管理及应用。

图 2-21　VAS5052

注意：VAS5053 软件的安装和升级必须通过 VAS5051B、VAS5052 或标准 PC 及随带的 USB 电缆来完成。

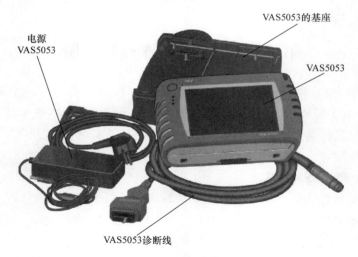

图 2-22　VAS5053

值得注意的是，VAS505X 系列通过数据总线诊断接口来进行诊断通信（图 2-23）。

VAS5054A 是德国大众和奥迪公司为其特约服务站指定的必备汽车检测仪，其功能是其他任何诊断仪器所不能替代的。VAS5054A 采用通用的诊断接口线，主要用于大众集团的车辆和来自其他工厂的汽车 OBD 系统。

VAS5054A 仪器配置维护

1. 总体介绍

集成的蓝牙接口可以把车辆连接到笔记本电脑、台式电脑或者测试系统上。当使用 VAS5054A 诊断车辆时，就不再需要其他线来连接。无线蓝牙的传输距离可以达到 5～10m，具体距离取决于周围环境以及插在电脑上的蓝牙适配器。串行口（SPP）是用来通过蓝牙做数据传输的，可以支持不同的蓝牙安全等级。无线诊断头 VAS5054A 的外形如图 2-24 所示。

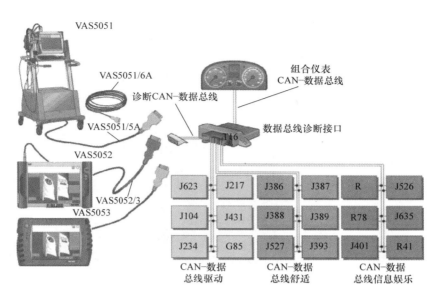

图 2-23 VAS505X 系列通过数据总线诊断接口来进行诊断通信

图 2-24 VAS5054A 外形

如图 2-25 所示，VAS5054A 系统在供货时将无线诊断头装在一个存放箱内，包含无线诊断头 VAS5054A、USB 导线（VAS5054/1）以及可选择的 CD，自带的诊断应用程序中包括 PDF 格式的 VAS5054A 操作手册，可选择订购推荐的蓝牙适配器 VAS5054/2。

使用后切勿忘记将 VAS5054A 从车辆的诊断接口上拔下。如果 VAS5054A 与车辆保持连接，则仍会损耗电源，可能将汽车蓄电池电量耗尽。选用 VAS5054A 相应的功能，设备如果在一段时间内不启用，则自动关闭或发出警示音。

2. 维护方法

注意事项如下：

1）防止诊断插头的触点脏污，不使用时将 VAS5054A 放回存放箱内。
2）确保 VAS5054A 上 USB 接口的盖子是盖上的。
3）防止 VAS5054A 的温度高于 80℃。如果车辆停在阳光下，勿将设备放在仪表台上。
4）虽然外壳有防溅水保护，但仍应避免与水及腐蚀性物质接触。
5）避免强烈振动。

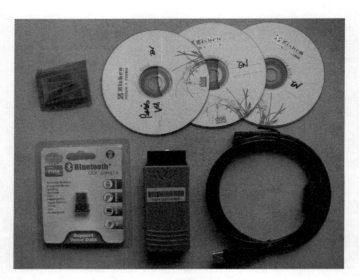

图 2-25　VAS5054A 组成

二、VAS5054A 的使用范围及应用

1. 特性

VAS5054A 是一种通用的诊断接口，适用于大众集团的车辆及其他汽车制造商的所有 OBD 车辆系统。内置的蓝牙接口可将车辆与笔记本电脑、台式及测试系统相连。通过 VAS5054A 进行车辆诊断时不需要导线。

根据不同的环境条件和 PC 端使用的蓝牙适配器，无线蓝牙连接的有效范围为 5~10m。通过蓝牙进行数据传输时使用 Serial Port Profile（SPP，串口协议），支持多种蓝牙安全级。支持的车辆总线系统有 K 线路（ISO 9141-2）、高速 CAN（ISO 11898-2）、低速 CAN（ISO 11898-3）、J1850（SAE J1850）。

车辆记录直接在 VAS5054A 中生成，以此可以保证反应迅速且能真实地反映当前状态，而不依赖于 PC 操作系统。在每次建立连接时，VAS5054A 的软件会根据计算机中安装的应用程序版本进行调整。在计算机上安装了新软件版本后，新特性将立即被 VAS5054A 应用。

2. 系统要求

使用 VAS5054A 时需要注意下列系统要求：

1）PC、笔记本、100% IBM 兼容。

2）操作系统为 Windows XP Service Pack2。

3）安装时需要管理员权限。

4）计算机必须有一个支持蓝牙 Serial Port Profile（串口协议）的蓝牙接口。

5）一个空闲的 USB 接口（用于特殊用途，如对 VAS5054A 进行配置或不允许无线运行的情况下）。

3. 系统结构

计算机上装有带诊断基础系统的诊断应用程序。诊断系统可通过蓝牙或 USB 访问 VAS5054A。

（1）通过蓝牙访问 如图2-26所示，在连接好VAS5054A后，蓝牙软件会建立一个虚拟串行COM接口（Bluetooth Serial Port Profile）。诊断基础系统通过该COM接口与VAS5054A进行通信。在安装诊断应用程序时，必须给出该COM接口。

（2）通过USB访问 VAS5054A也可通过供货时随附的USB导线与计算机相连。Windows通过Plug&Play识别VAS5054A，并自动安装先前在安装诊断应用程序过程中所复制的驱动程序。VAS5054A由此完成连接，且可供诊断应用程序使用。

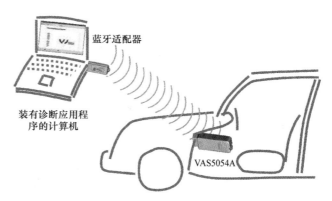

图2-26 蓝牙连接的系统结构

三、安装和投入运行

安装工作应按照下列步骤依次进行：将VAS5054A连接在车辆上；将蓝牙适配器安装在计算机上；对蓝牙适配器软件进行配置，安全设置；建立与VAS5054A的连接；安装应用程序软件；更改用于VAS5054A的蓝牙PIN。

注意： 在计算机上运行安装程序时，需要管理员权限。以下进行详细介绍。

1. 将VAS5054A连接在车辆上

将VAS5054A插在车辆的诊断接口上，则设备接通了电源并且运行准备就绪。无线诊断头正面的蓝色状态指示灯以1s为间隔闪烁。

可通过蓝牙以无线的方式或通过USB导线将VAS5054A与计算机或工场测试仪相连。当与PC之间的通信已经建立时，状态指示灯持续发亮。在通过蓝牙或USB进行数据传输时，状态指示灯会根据数据流量闪烁。

2. 在计算机上安装蓝牙适配器及蓝牙硬件

计算机上必须配有蓝牙接口，以便能够与VAS5054A进行通信。某些计算机（如现代化的笔记本电脑）已有内置的蓝牙接口。对于不带蓝牙的计算机，必须借助蓝牙适配器或蓝牙PC卡进行补充装配。

因此，在订购VAS5054A的同时也可订购一个合适的蓝牙USB适配器（VAS5054/2）。

3. 蓝牙USB适配器VAS5054/2的安装

需要作为配件订购蓝牙适配器VAS5054/2。只有在使用Windows XP Service Pack 2自带的蓝牙硬件时，以下关于安装所推荐的蓝牙适配器的说明才适用：

1）用一个具有管理员权限的用户名启动Windows XP。

2）将蓝牙适配器插入计算机的一个USB接口中。

注意： 在以后的使用过程中一直将该USB接口用于连接蓝牙USB适配器，如果将蓝牙USB适配器插在其他USB接口上，则Windows会安装其他的COM接口。诊断应用程序便失效。

3）如图2-27所示，Windows XP SP2自动识别蓝牙适配器VAS5054/2，并安装相应的驱动程序。

一段时间后将显示安装成功（图2-28），可继续操作，以建立与VAS5054A的蓝牙连接。

4. 调整蓝牙安全设置

安全起见，务必在蓝牙软件中进行以下设置，以防止他人未经授权从外部访问计算机。

图2-27　Windows XP Service Pack 2 自动识别蓝牙适配器

图2-28　Windows XP Service Pack 2 自动安装蓝牙适配器

在系统控制中打开选项Bluetooth Devices（蓝牙设备）。出于安全考虑，应取消选择选项卡Options（选项）下Connections（连接）区域内Allow Bluetooth devices to connect to this computer（允许蓝牙设备连接至本机）一项。建议激活Show the Bluetooth icon in the notification area（在信息区域内显示蓝牙符号）这一设置（图2-29）。在任务栏的信息区域内便始终显示出蓝牙符号。

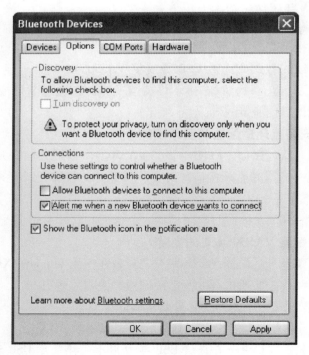

图2-29　Windows XP Service Pack 2 蓝牙软件的设置

5. 建立与 VAS5054A 的连接

操作步骤如下：

1）在系统控制中打开选项 Bluetooth Devices（蓝牙设备）。在"Devices"选项卡中可搜索有效范围内的蓝牙设备。

注意：VAS5054A 一定要与车辆诊断接口相连，以得到供电。单击 Add（添加）…。在以下对话框中选择 My device is set up and ready to be found（设备已安装且可被搜索到），如图 2-30 所示，然后按 Next >（下一步）继续。

图 2-30　确认 VAS5054A 运行准备就绪状态

2）帮助向导在有效范围内搜索蓝牙设备。搜索到的设备将显示出来（图 2-31）。选择 VAS5054A 并按 Next >（下一步）。

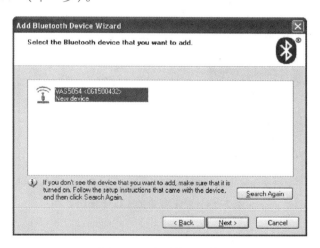

图 2-31　找到蓝牙设备

如果列表中没有 VAS5054A，则应检查以下项目：

① VAS5054A 是否确实插在车辆诊断插头上以保证供电（VAS5054A 上 USB 接口旁的状态指示灯闪烁）。

② VAS5054A 是否在有效范围内（PC 与 VAS5054A 之间的距离不应超过 10m）。

③ VAS5054A 是否通过 USB 与 PC 相连。

④ 当前 VAS5054A 是否通过蓝牙与其他计算机相连。单击 Search Again（重新搜索）。

3）输入主密码（蓝牙 PIN），见图 2-32。该密码与供货时印在设备上的序列号一致。用 Next >（下一步）确认输入。

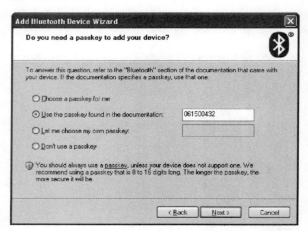

图 2-32　输入主密码

4）在 PC 上将建立串行蓝牙连接，在图 2-33 中是 COM3。记下 COM 输出接口的号码，单击 Finish（完成）。

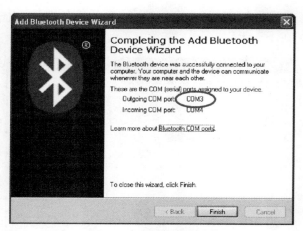

图 2-33　显示新建的 COM 接口

6. 安装诊断应用程序

操作步骤如下：

1）确保安装工作是通过一个具有管理员权限的用户名进行的。卸载旧版本的诊断应用程序。如图 2-34 所示，启动诊断应用程序（如 VAS5065）CD 上的安装程序 Setup.exe。按 Next >（下一步）以继续进行安装。

2）如图 2-35 所示，选择 VAS5054 作为诊断接口。

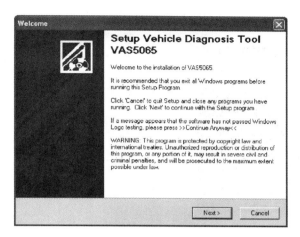

图 2-34　诊断应用程序（此处为 VAS5065）的安装程序欢迎窗口

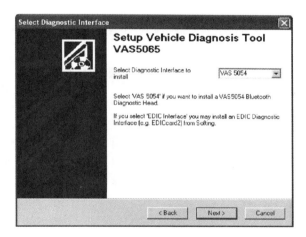

图 2-35　选择诊断接口

3）如图 2-36 所示，确认系统中已经安装了蓝牙。

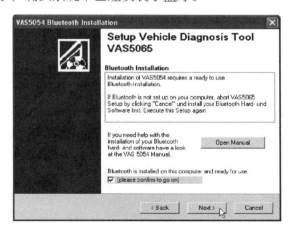

图 2-36　确认蓝牙安装就绪

4）如图 2-37 所示，确认 VAS5054A 是通过蓝牙连接的。

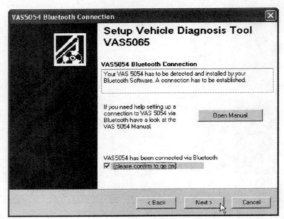

图 2-37　确认与 VAS5054A 的连接已建立

5）如图 2-38 所示，应用预设的部件选择，勿作更改。按 Next >（下一步）以继续进行安装。

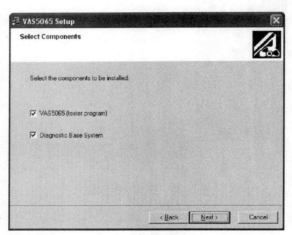

图 2-38　选择安装部件

6）选择诊断基础系统的安装路径。诊断基础系统的组成部件包括 EDIABAS（带控制单元说明文件）、DTS、EDIC 和 VAS5054A 驱动程序软件。如图 2-39 所示，预设路径为 C：\DBaseSys。按 Next >（下一步）以继续进行安装。

7）选择程序管理组。如图 2-40 所示，需要时可从现有的程序管理组列表中选择一个合适的，或采用更改安装程序预设的程序管理组。按 Next >（下一步）以继续进行安装。

8）选择自诊断应用程序的安装路径（图 2-41）。按 Next >（下一步）以继续进行安装。

9）在安装过程的最后将安装诊断接口的驱动程序。该过程可能需要一定的时间（图 2-42）。

10）如图 2-43 所示，在出现信息 Select EDIC to install（选择要安装的 EDIC）时，选择 VAS5054 作为接口。

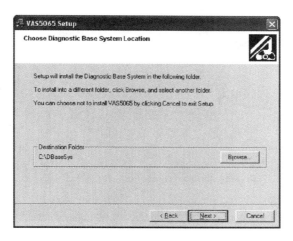

图 2-39　诊断基础系统的安装路径

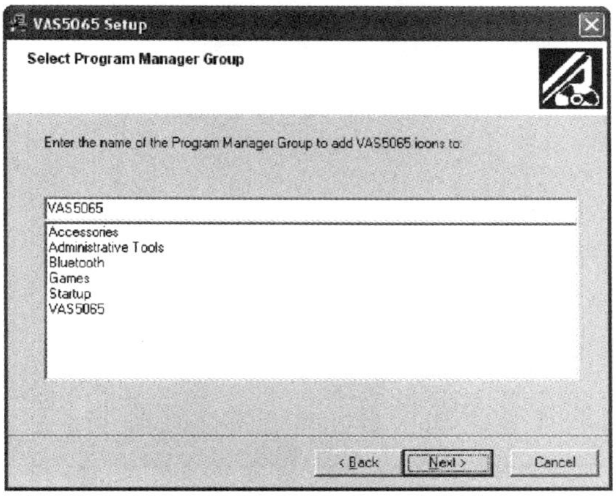

图 2-40　选择程序管理组

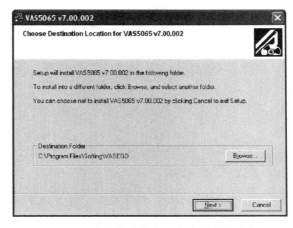

图 2-41　选择自诊断应用程序的安装路径

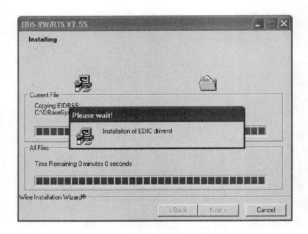

图2-42 安装诊断接口的驱动程序

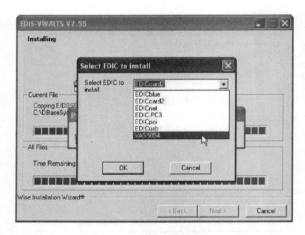

图2-43 选择所需的诊断接口：VAS5054

如果不出现该信息，则表明系统已经与另一个 EDIC 相连，或之前已经配置了 EDIC 或 VAS5054A。结束安装工作，随后在诊断应用程序的程序组中调出选项 EDIC Hardware Installation（EDIC 硬件安装）。在该处手动添加 VAS5054A。

11）如图 2-44 所示，确保 VAS5054A 在蓝牙硬件中的配置正确，且处于计算机的有效范围内。单击 OK（确定）。

12）如图 2-45 所示，选择在连接 VAS5054A 时蓝牙软件上所显示的 COM 接口。按 OK（确定）以结束安装过程。

如果出现以下故障信息（图 2-46），则表明 VAS5054A 不在蓝牙适配器的有效范围内，或选择了错误的 COM 接口。

单击 OK（确定），则安装程序在不连接 VAS5054A 的情况下结束。在蓝牙硬件中检查 VAS5054A 与哪一个 COM 接口相连。需要时可用蓝牙软件重新搜索蓝牙设备并连接 VAS5054A。

结束后在诊断应用程序的程序管理组内调出程序 EDIC Hardware Installation（EDIC 硬件

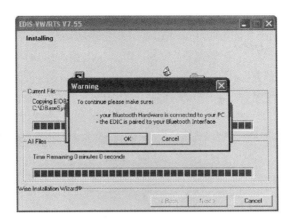

图 2-44 提示：必须已经安装蓝牙适配器，且已经与诊断接口相连

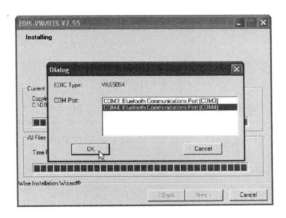

图 2-45 选择与 VAS5054A 相连的 COM 接口

图 2-46 故障信息：无法建立与 VAS5054A 之间的连接

安装），并重新进行安装。

13）关闭安装程序。此时便可将 VAS5054A 用于诊断应用程序了。固件的首次载入在应用程序启动后大约持续 1min。

7. 更改蓝牙 PIN

供货时，VAS5054A 的蓝牙 PIN 编订为设备的 9 位数字序列号。投入运行前必须按照大众公司的说明对蓝牙 PIN 进行更改：蓝牙 PIN 必须至少有 6 个字符，包含字母和数字，也可使用特殊符号。

如果可能，通过 USB 将 VAS5054A 与计算机相连。通过诊断应用程序的开始菜单调出配置程序 Diagnostic Interface Configuration Utility（诊断接口配置工具）。

如图 2-47 所示，按照大众公司的规定，在 Bluetooth – Parameter（蓝牙参数）区的 PIN 栏位内输入一个新的蓝牙 PIN。确保 Security Mode（安全模式）置于"4"（图 2-47）。

单击 OK（确定）接受更改。下一次连接 VAS5054A 时，蓝牙软件即要求输入新的蓝牙 PIN。

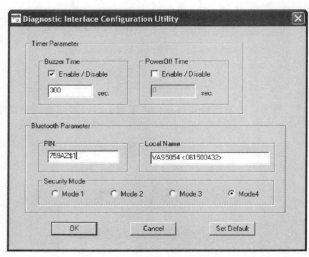

图 2-47　更改 VAS5054A 的蓝牙 PIN

8. 补充添加 VAS5054A

如果已经安装了另一个 EDIC，或在安装过程中程序没有要求安装 VAS5054A，则必须手动进行安装。

如图 2-48 所示，在诊断应用程序的开始菜单中启动程序 EDIC Hardware Installation（EDIC 硬件安装）。

图 2-48　调用程序 EDIC 硬件安装

如图 2-49 所示，单击按钮 Add EDIC（添加 EDIC），选择 VAS5054 一项并单击 OK（确定）。

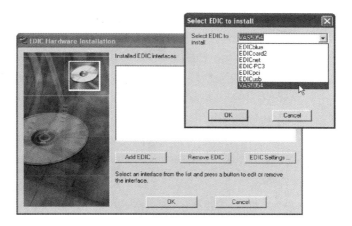

图 2-49　选择要安装的诊断接口：VAS5054

如图 2-50 所示，确保 VAS5054A 在蓝牙硬件中的配置正确，且处于计算机的有效范围内。单击 OK（确定）。

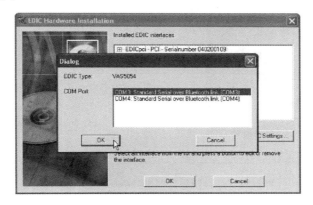

图 2-50　选择与 VAS5054A 相连的 COM 接口

选择由蓝牙软件分配给 VAS5054A 的 COM 接口，单击 OK（确定）。然后再单击 OK（确定）以结束程序。如果在系统中安装了多个接口，则在启动诊断应用程序时系统会自动要求选择所需的接口。

9. 通过 USB 连接及安装 VAS5054A

对于下列特殊的应用场合，也可通过一条 USB 导线使用 VAS5054A：

1）在通过程序 Diagnostic Interface Configuration Utility（诊断接口配置工具）对 VAS5054A 进行配置时（蓝牙设定、激活内置蜂鸣器、自动关闭）。

2）在不允许无线运行的区域中。

3）对于与车辆的连接需要大容量的应用程序。

注意：运行设备时，必须注意使计算机和设备之间的外壳电位相同；连接设备时，必须确保在供电前连接了地线，相反，在关闭设备时必须确保在连接地线前先切断电源，否则会造成计算机或设备损坏。

如果在安装应用程序软件的过程中仅想通过 USB 来安装 VAS5054A，则先不要将 VAS5054A 与计算机相连。在出现选项 Select EDIC to install（选择要安装的 EDIC）时，选择 Cancel（取消），则应用程序在不安装任何一个诊断接口的情况下关闭。

具体步骤：将 VAS5054A 连接在诊断接口上；打开 VAS5054A 端面的橡胶护盖，插上供货时随附的 USB 导线的小型 USB 插头；将 USB 导线与计算机的一个 USB 接口相连。

下列说明的前提是已经安装了诊断应用程序。

Windows 通过 Plug&Play 机构自动识别 VAS5054A。在 Windows 2000 系统下驱动程序不进行询问即安装，在 Windows XP 系统下帮助向导将启动以安装硬件。在显示出问题"是否连接 Windows 更新"时，选择"No, not this time（不，本次不连接）"，见图 2-51。按 Next >（下一步）以继续进行安装。选择 Install the software automatically（自动安装软件），并按 Next >（下一步），见图 2-52。按 Finish（完成）以结束帮助向导（图 2-53）。

图 2-51　连接新硬件时 Windows 的帮助向导

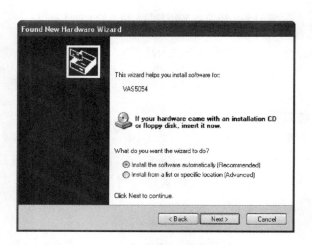

图 2-52　自动安装 VAS5054A 的驱动程序文件

此时计算机已经通过 USB 与 VAS5054A 相连，可用于诊断应用程序。

四、在诊断应用程序下的应用

如图 2-54 所示，如果计算机上尚未安装任何诊断应用程序，则首次启动应用程序时将显示一个对话框，用于输入销售中心/进口商代码和经销商代码。有关如何获取这些代码，参阅诊断应用程序文件。

如果已经更改了 VAS5054A 的蓝牙 PIN，则要求在计算机上重新输入 PIN 并确认。

固件将载入 VAS5054A 中。该过程在首次执行时约持续 1min。再次启动诊断应用程序时只需数秒便可使用 VAS5054A。

图 2-53 帮助向导结束

注意：由于蓝牙连接的带宽较小，在数据流量较大时传输过程所需时间要大于将车辆接口直接连在 PC 上的情况。

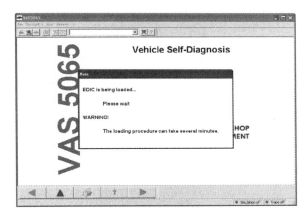

图 2-54 启动后随即出现的 VAS5065 界面

载入 VAS5054A 固件后，将出现诊断应用程序的启动屏。

五、诊断接口配置工具

1. 蓝牙设定

可通过程序 Diagnostic Interface Configuration Utility（诊断接口配置工具）调整 VAS5054A 的蓝牙设定、内置蜂鸣器的激活和自动关闭功能。

如图 2-55 所示，该程序可通过诊断应用程序中 Windows 开始菜单中的选项 Diagnostic Interface Configuration Utility（诊断接口配置工具）调出。配置工作可通过 USB 或蓝牙进行，应优先选择通过 USB 进行配置。

如果 VAS5054A 不是通过 USB 连接，则也可通过蓝牙进行配置。此时将自动显示出一个计算机的 COM 接口列表，选择与 VAS5054A 相连的 COM 接口。

注意：如果 VAS5054A 的蓝牙 PIN 未知，则无法建立蓝牙连接！此时应使用 USB 导线来进行 VAS5054A 的配置。

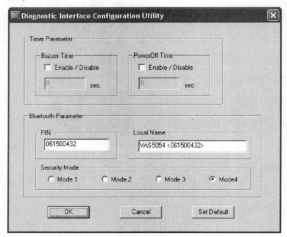

图 2-55　VAS5054A 的配置

2. 蓝牙参数 PIN

蓝牙 PIN 用于防止不具授权的人员进行访问。根据大众公司的规定，PIN 必须至少为 6 位，且包含字母、数字和特殊字符。PIN 最多可以包含 16 个字符。

在更改 PIN 后，必须也在蓝牙硬件处重新输入新 PIN。蓝牙软件会在建立连接时要求输入新的 PIN。

3. 输入设备名称

单击该栏位，则原有名称便被删除，输入一个新名称，在该名称后会自动以尖括号附上 VAS5054A 的序列号。在搜索蓝牙设备时，蓝牙软件中会显示该名称，更改设备名称后，须在蓝牙软件中重新输入蓝牙 PIN。

六、常见问题

1. 车辆诊断过程中离开了有效范围

在这种情况下连接将断开。此时测试仪上不显示故障信息。只有在选择了一个需要与车辆系统相连的功能时，才会出现故障信息接口（EDIC）无响应或与接口的连接中断。重新进入有效范围内，单击取消并重新启动车辆诊断。

2. 采用无线蓝牙连接时的安全规定

为避免未经授权的第三方访问无线诊断头及计算机，应遵守以下安全规范：

1）使用一个至少为 6 位且由数字、字母和特殊字符构成的蓝牙 PIN。

2）使用蓝牙最高安全级（安全模式 4）。

3）取消所有不需要的服务。

4）关闭一般识别性功能。

3. 安装工作的一般方法和步骤

确保蓝牙软件支持 Serial Port Profile（SPP）。一般情况下，不可使用不支持该协议的蓝牙软件。

借助与蓝牙适配器的配套蓝牙硬件，可通过蓝牙识别 VAS5054A。在计算机上会安装一个虚拟串行 COM 接口。蓝牙软件通过该蓝牙 COM 接口在 VAS5054A 与计算机之间建立连接。

如果与蓝牙硬件一起提供的蓝牙软件不是此处说明的软件，则遵守下列原则性安装步骤：

1）准备好 PC 蓝牙适配器，但是不要进行连接。如果已经连接了适配器，在出现 Windows 硬件帮助向导时，单击取消，取下适配器并重新启动计算机。

2）安装与软件包配套的适配器。在安装程序发出要求时，连上蓝牙适配器并继续进行安装。

3）安装结束后，蓝牙硬件必须能够识别到 VAS5054A。软件有一项显示有效范围内所有蓝牙设备的功能。确保 VAS5054A 的供电，且保证它处于有效范围内。VAS5054A 必须出现在该列表中。在列表中选择 VAS5054A，并用软件来识别 VAS5054A 所提供的服务（唯一的服务可能是识别出一个串行蓝牙接口）。在该过程中会要求输入 VAS5054A 的蓝牙 PIN。它是型号铭牌上给出的 VAS5054A 序列号。

4）通过软件建立与 VAS5054A 的连接。在识别服务的过程中可能已经建立连接。计算机上会显示一个用于输出连接（由蓝牙软件建立）的 COM 接口，在安装应用程序软件时会用到该 COM 接口的名称。

4. 状态指示灯

VAS5054A 有一个状态指示灯，它用来显示设备通过 USB 或蓝牙与计算机之间的通信状态。

如果未与计算机建立连接，该指示灯以 1s 为间隔闪烁。当与 PC 之间的通信已经建立时，状态指示灯持续发亮。在通过蓝牙或 USB 进行数据传输时，指示灯会根据数据流量闪烁。

第三节　TECH2 通用汽车故障诊断仪

TECH2 是美国通用公司提供给特约维修站使用的原厂检测仪，能检测通用汽车的普遍故障，故障检测非常精确。大多数通用汽车服务站都备有此产品。

一、结构参数

TECH2（图 2-56）是一种手持式诊断用计算机，专门用来诊断和修理通用公司制造的车型上使用的电气系统，它不是一般的检测工具，其结构如图 2-57 所示。

TECH2 是一种带有大屏幕易读显示的多样化检测工具，通过键盘与 TECH2 联系可以指令其运行你想要进行的检测，调取需要的诊断数据，控制欲监测的功能。

对于装备有 OBD II 标准 16 针数据传输插头（DLC）的车辆，TECH2 通过 DLC 获得电源。与 DLC 连接后，TECH2 可以读取诊断故障代码（DTC）和诊断数据。TECH2 可以与大部分通用公司车型上所采用的车载计算机系统进行通信。根据所选择的车型，TECH2 也可对一些系统进行控制以进行故障处理和自动检测。

图 2-56　TECH2 的外形

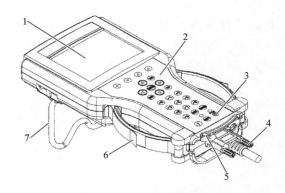

图 2-57　TECH2 的结构
1—显示屏　2—键盘　3—电源键
4—DLC（数据传输插头）导线　5—VCI（车辆通信接口）
锁定杆　6—可调环箍带　7—倾斜支撑

1. 尺寸大小

如图 2-58 所示，TECH2 体积约为 $2in \times 6in \times 12in$（$1in = 25.4mm$），重 1kg。

2. 计算能力

TECH2 具备很强的升级特性。TECH2 通过使用车辆通信接口（VCI）适配器与数据传输插头相连接。采用这种方式，通过更换 VCI 模块，就很容易地将 TECH2 的通信硬件更新。

3. 显示器

TECH2 使用尺寸为 $2.8in \times 3.8in$ 的大屏幕黑白液晶显示（LCD），如图 2-58 所示，可允许 9 个参数同时在屏幕上显示。屏幕具有绘图功能，可以在屏幕上标绘图表以助于诊断。TECH2 有一个可调的对比度控制钮，可用来调节显示的亮度和清晰度。

4. 屏幕区

屏幕可分为标题栏区、信息条区、显示/选择区、全部正文区和软键区共五个区域（图 2-59），通过查看各区信息，使用者可方便地使用 TECH2。"全部正文"区是对"显示/选择"光标选中部分的完整叙述。

图 2-58　TECH2 的显示器

5. 键盘

TECH2 键盘共包括 27 个键，大部分键（23 个）具有明确定义的功能，但还有 4 个特殊的键叫作"软键"。图 2-60 所示为 TECH2 的六组不同功能的键。

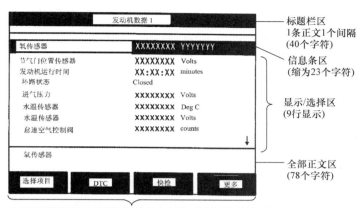

图 2-59 TECH2 显示屏

（1）软键　TECH2 具有 4 个随着具体应用不同而改变的软键。软键功能由软件控制。也就是说在软件的不同控制区域软键功能也随之变化。主菜单最左边的软键用来"清除车辆"，而在捕捉数据时该键用来改换装置。软键在不同的时候可执行不同的操作，增加了 TECH2 性能的多样性。

（2）选择键　有四个箭头键用来移动屏幕上的信息以进行选择，"上"和"下"箭头每次只移动光标一行，如果按住不动，光标将自动滚动，"左"和"右"箭头键每次操作只翻动屏幕光标栏一页。左箭头翻动光标栏向前（上一页），右箭头翻动光标栏向后（下一页）。箭头键也用来移动光标进行选择，或移动显示更多的信息。

（3）作用键　作用键直接作用于 TECH2，包括以下几种：

1）Yes 键：对问题做出肯定回答。
2）No 键：对问题做出否定回答。
3）Enter 键（2 个）：确定选项。
4）Exit 键（2 个）：让使用者回到上次选择的菜单。

（4）功能键　功能键（F0～F9）可以直接在菜单中进行选择。

（5）帮助键　Help（?）相当于一个具有帮助功能的工具，可以为使用者提供有关 TECH2 当前操作的特定项目的帮助。

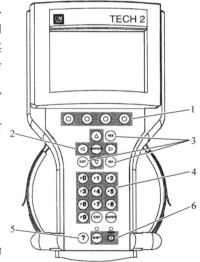

图 2-60　键盘布置
1—软键　2—选择键　3—作用键
4—功能键　5—帮助键　6—控制键

（6）控制键　有 Power（电源）和 Shift（变换）两个键用来控制 TECH2 自身。"Power"控制 TECH2 的开与关，TECH2 开机时，绿色指示灯亮。通过"Shift"可控制屏幕对比度的调节。在 TECH2 当前操作过程中调节对比度，须按如下步骤：

1）按"Shift"键（黄灯亮）。
2）使用"上"箭头增加屏幕亮度和对比度，或"下"箭头降低屏幕亮度和对比度。

3) 按 "Shift" 键 (黄灯灭)。

该步骤仅适用于 TECH2 在本次通电过程中调节对比度。如果电源关闭后又打开，对比度将变换为缺省值，该缺省值将在后面的操作过程中一直起着作用。

如果 Shift 黄灯亮，仅有上/下箭头键和 Exit (退出) 键可操作。

(7) 拇指操作　TECH2 为一只手操作而设计了该装置，可以使用一只手就很方便地持握和操作，工具边侧环箍带可调节，有助于一只手握持。无论用左手或右手，键盘外形的设计均适于拇指操作。

注意：由于有些 TECH2 屏幕显示要求在屏幕条目上做出选择，建议使用选择键和作用键，而不要使用功能键。在这种情况下，可能没有相应的功能键。

二、基本诊断策略

所有的车辆诊断都遵循一个逻辑程序，该流程图所表明的诊断步骤，正是许多有经验的维修人员所采用的。该诊断步骤被称为基本诊断策略 (图 2-61)，TECH2 通常适用于该逻辑步骤。诊断步骤如下：

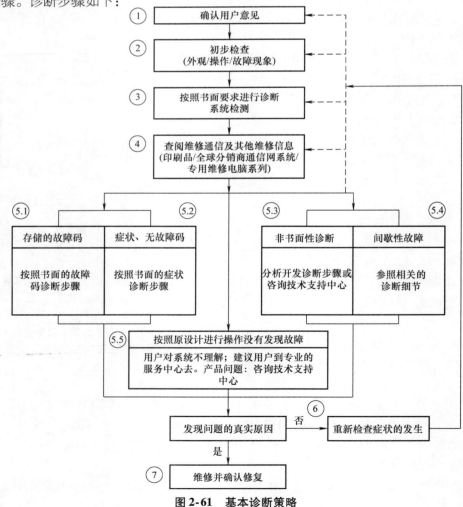

图 2-61　基本诊断策略

1)验证客户要求。此时一般不要求使用 TECH2。

2)初步检查。这些检查包括目视检查、验证系统哪部件运转正常,并且依据维修手册诊断章节提供的提示进行检查。通常此时不使用 TECH2。

3)进行诊断系统检查。许多项系统检查要求查阅诊断故障码(DTC)或操纵故障指示灯。以上各项检查均要求采用诊断工具,例如 TECH2,以便与车辆车载计算机互相联系通信。

4)查阅维修通信。系统检查完毕后,对于清楚地了解用户所反映的故障你应当已拥有足够的信息,然后查询与该车辆特定症状有关的维修通信。

5)诊断程序。依据维修手册给出的步骤进行诊断。许多项程序要求在诊断过程中使用 TECH2。应尽可能采用已建立的诊断程序。

三、常用术语

1. 计算机

计算机由几个部分组成(图 2-62)。它包括储存信息的集成电路、测量脉冲电压信号时间的时钟振荡器、计算机的心脏中央处理器(CPU)等。CPU 有从输入系统接受信息并按要求储存、处理信息和控制输出系统三个功能。CPU 是微处理器,串行数据是微处理器之间互相通信的方式。

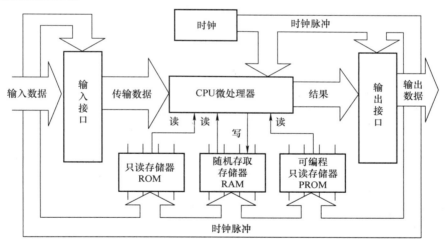

图 2-62 计算机数据处理

2. 串行数据

串行数据是一系列从高压到低压不断变化的电压信号(图 2-63)。这些电压信号典型的高压为 5V、7V 或 12V;典型的低压为 0V,并通过一条被称为串行数据线进行传输。

通用汽车公司的车辆应用通用异步接收和传输(UART)和第 2 代(CLASS2)两种类型之一的串行数据通信方式。

自通用汽车公司开始装备计算机控制系统以来就采用通用异步接收和传输(UART)数据系统。在 UART 系统中计算机通过一条导线以降低数据线上电压的方式进行通信。因而当数据线上无通信时,信号电压将保持高压,通常为 5V(或 12V)。第 2 代数据系统在无通信时使数据线保持 0V 左右，当进行通信时，数据线上的电压大约升至 7V。

诊断工具必须能与以上两种类型的串行数据通信，以便诊断车辆的系统。TECH2 通过将串行数据线与数据传输插头（DLC）的串行数据接口相连接，TECH2 可以读取正在被检测电子系统各部件之间传输的串行数据。

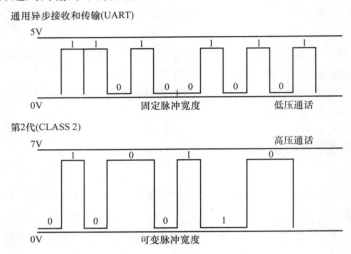

图 2-63　第 2 代数字式数据波形

每一个数字式信号叫做一个"比特"（二进制数码），代表一个数字，计算机收集了许多"比特"来组成一个词汇，串行数据表示在序列中每次只可读一个比特。一个典型的数据流中有 64 词汇。串行数据 UART 与 CLASS 2（第 2 代）的比较见表 2-1。

表 2-1　串行数据 UART 与 CLASS 2（第 2 代）的比较

UART	CLASS 2
5V	7V
低压通话	高压通话
所有比特同宽	使用两个比特宽
信号以连续方式传输	信号以数据包的形式传输，数据包可以分为优先级，因此不止一个控制器可同时输送信号

3. 比特率

比特传输速度称为"比特率"，单位是 b/s（波特）。

在 20 世纪 80 年代末，通用汽车公司车辆的通信速度为 8192（8k）b/s。即，每秒钟有 8192 个比特通过串行数据线进行传送。1995 年，一些通用汽车公司的车辆开始采用 10.4kb/s 的比特率。1996 年及后来大部分通用汽车公司的车辆都采用这个高速率进行通信。

四、TECH2 的结构、保养与使用

1. 数据传输插头端子配置

TECH2 通过数据传输插头（DLC）与车辆的各个计算机进行通信。图 2-64 所示为 12

针及 16 针数据传输插头（DLC）的配置。

A DLC接地
B 数据线
C 诊断需求（ECM）
D
E
F
G 电源
H
J 娱乐和舒适系统
K SIR诊断需求
L 串行数据回路（8192波特）
M 串行数据连接（8192波特）

12针数据传输插头(DLC)

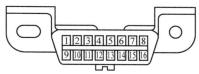

1. 次级通用异步接收和传输(UART)8192波特串行数据（电路800），次级B级(电路710)或160波特串行数据（仅1995年)(电路461)
2. 两线系统或单线上的J1850总线+L线(第2代)(电路1807)
3. 行驶控制诊断启用(电路1826)
4. 底盘/车身接地针(电路150)
5. 信号接地针(电路451)
6. PCM/VCM诊断启用(电路448)
7. 用于国际标准组织(ISO)应用的K线
8. 遥控开启车门启用(电路1455)或MRD防盗诊断启用(电路477)
9. 初级通用异步接收和传输(UART)(电路1061)
10. 用于J1850-2导线的J 1850-2总线
11. 电子可变节流孔(EVO)转向(电路1294)或电磁转向可变助力(MSVA)
12. ABS诊断(电路799)或CCM诊断启用(电路555)
13. SIR诊断启用(电路326)
14. E&C总线(电路835)
15. 用于国际标准组织(ISO)应用的L线
16. 来自车辆电瓶的电源，非开关控制(最大值4A)

16针数据传输插头(DLC)

图 2-64　典型数据传输插头配置

2. TECH2 诊断程序卡（PCMCIA）

TECH2 采用标准存储卡来存储诊断功能和具体应用车型（图 2-65）。该卡具备 10MB 的容量。增加的存储量提供了两个数据捕捉的存储空间，这样可以对正在维修车辆进行症状前后的比较。

注意：TECH2 诊断程序卡（PCMCIA）对磁场及静电敏感，因而操作存储卡时应予以注意。

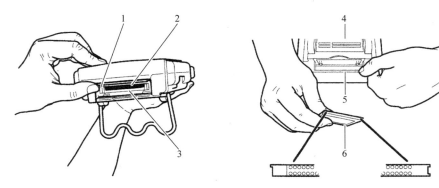

图 2-65　PCMCIA 卡移出和安装

1—上箭头弹出按钮　2—PCMCIA 卡位于 0 槽　3—空槽 1　4—TECH2 底边　5—插槽盖　6—PCMCIA 卡

PCMCIA 卡通过装置上的插槽盖装入。按 TECH2 插槽旁边的箭头键，卡沿箭头所示方向弹出。存储卡带有槽口，仅可以一种方向插入。再次插入时应确定卡是否完全进入 TECH2，PCMCIA 卡插入最靠近屏幕的 0 槽，另外的第二个槽为将来的扩展留用，第二个槽命名为 1 槽。

卡的上边有一个写保护的滑动装置，其正确位置在卡中央（未锁定）。如果写保护处于锁定状态，数据捕捉将不能被储存，维修编程将不能进行工作。TECH2 软件储存于 PCMCIA 卡中，该卡中所有具体应用车型将共享同一个信息数据库。

3. 车辆通信接口模块

TECH2 使用其底部的车辆通信接口（VCI）模块作为车辆与 TECH2 内部之间通信联系的接口（图 2-66）。这样，TECH2 可与车辆多种类型的数据系统进行通信联系。

车辆和 TECH2 之间通过（DLC）导线传输数据。TECH2 的电源也通过车辆通信接口（VCI）传送。电源既可以通过 DLC 导线传送，也可以通过车辆通信接口（VCI）底部的电源插座获得。实质上，车辆通信接口（VCI）模块起着保护 TECH2 的作用，防止其电源反相连接。

TECH2 正常使用过程中，没有必要拆下车辆通信接口（VCI）模块。如果车辆上采用不同的数据通信联系方式，可以更改车辆通信接口（VCI）模块以延长 TECH2 的使用周期。

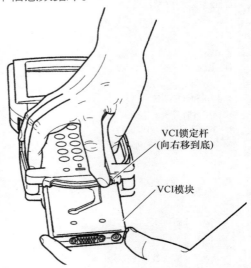

图 2-66 车辆通信接口（VCI）模块的拆卸

4. 串行数据连接插孔

如图 2-67 所示，TECH2 有两个串行数据连接插孔以便与其他计算机，如 Techline 终端连接。两个插孔的功能如下：

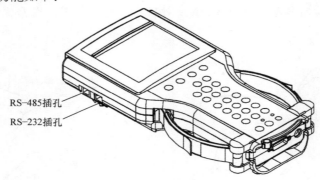

图 2-67 串行数据连接插孔

1）RS-232 插孔。RS-232 插孔用于连接 Techline 终端，以更新 TECH2 的具体应用车型软件；也可用来与 TECH2 一起进行维修编程。

2）RS-485 插孔。RS-485 插孔目前不用，它作为一组装置总线，通过增加附加装置来扩展 TECH2 的功能。

5. TECH2 的适配器

TECH2 的适配器如图 2-68 所示，其名称及编号见表 2-2。

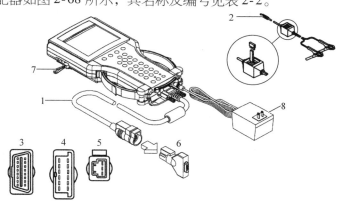

图 2-68　TECH2 的适配器

表 2-2　TECH2 的适配器的名称及编号

图中序号	产品参考编号	产品名称
1	3000094	TECH2—通用汽车（GM）标志（安装 3000117 PCMCIA 卡）
	3000095	DLC 导线
	3000096	点烟器电源导线—12V，非第 2 代车载诊断（non-OBDⅡ）车辆与 TECH2 的连接
2	3000097	蓄电池电源导线—12V，非第 2 代车载诊断（non-OBDⅡ）车辆与 TECH2 的连接
3	3000098	汽车工程师协会（SAE）16/19 针适配器，用以 TECH2 与一部分 1995 年车辆和大部分 1996 年及最新车辆的连接
4	3000099	NAO 12/19 可以使 TECH2 与配备 12 针 DLC 的车辆连接
5	3000102	OPEL/ISUZU/GEO 3/19 适配器
6	3000109	DLC 回路插头，用来诊断 TECH2 的 DLC 功能，它既可以与 DLC 导线端部相连也可以与工具上的 DLC 导线连接插孔相连
	3000110	1RS-232 导线
	3000111	1RS-232 DB9 适配器
7	3000112	1RS-232 回路插头，用来诊断 RS-232 的功能
8	3000113	NAO 110V 交流供电，该适配器仅用于车外操作，例如当与 Techline 终端连接时
	3000116	储存盒

6. TECH2 的保养

（1）注意事项　TECH2 电源电路对极性敏感，如果极性接反该装置将不会工作，由于具有内部保护，熔丝不会烧断。维修 TECH2 的部件，如 PCMCIA 卡或 VCI 模块之前关闭电源。在该装置通电之前确认导线和适配器均与 TECH2 正确、紧密连接。如果 PCMCIA 卡插错槽位，TECH2 将显示错误信息，指示使用者将卡放置于正确的插槽。

由于 TECH2 不防水，应注意防潮。TECH2 显示屏在长期暴露于紫外线或红外线后将变黑，将该检测工具长时间置于阳光下就有可能出现这种情况。

（2）清洁

1）键盘。使用非磨损性清洁剂，将清洁剂置于软布上擦拭键盘。

2）显示屏。将非磨损性玻璃清洁剂置于防静电软布上擦拭。

3）导线。检查导线上的切口和划痕（图 2-69），也要检查插头针端是否油腻、脏污和腐蚀。使用中性肥皂水溶液清洗导线。

7. TECH2 的使用

（1）启用　TECH2 有一个特殊的应用程序称为"启用"。该应用程序是 TECH2 在交货后安装的唯一的软件。图 2-70 显示的是 TECH2 在编程前后，位于标题栏屏幕之后的屏幕显示。TECH2 一旦完成编程，"启用"作为一条应用程序将显示在主菜单上。

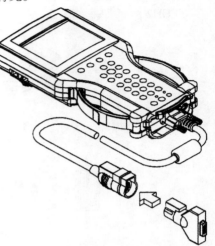

图 2-69　TECH2 的清洗和保养

"TECH2 特性"选项包括模拟检测数据，这样可以在没有车辆的情况下使用该检测工具进行练习。

编程前的新 TECH 2

启用菜单
F0：工具控制
F1：硬件
F2：Tech 2 特性
F3：Tech 2 编程

编程 →

编程后的 TECH 2

主菜单
F0：诊断
F1：维修编程
F2：查看已获取的数据
F3：工具选项
F4：启用

图 2-70　启用应用程序

（2）连接　使用 TECH2 时，必须进行正确的连接（图 2-71）。这些连接包括电源和 DLC，在装备第二代车载诊断（OBD Ⅱ）的车辆上，只需将 DLC 导线与汽车直接连接即可为 TECH2 提供电源。对于未装备第 2 代车载诊断（non - OBD Ⅱ）的车辆，或车外使用 TECH2 时，应使用另外的电源供电。车用电源连接也可来自点烟器适配器或蓄电池夹适配器。使用以上任何一种适配器时，均与 DLC 导线插头后面的插孔相连接。12V 适配器内有熔丝，用来保护 TECH2 导线。

不要使用 TECH2 110V 适配器，否则 TECH2 与车辆连接后，可能会出现数据错误。相反，在车外使用时，例如与 Techline 终端相连接时，应使用 AC 电源适配器。为 Techline 终端提供的电源，并不适用于为 TECH2 提供电源。因此，在与 Techline 终端相连接时，不要使用点烟器适配器。TECH2 的正常工作电压为 8～20V，电流为 0.75A。使用正确的适配器，与车辆上的 DLC 相连接。

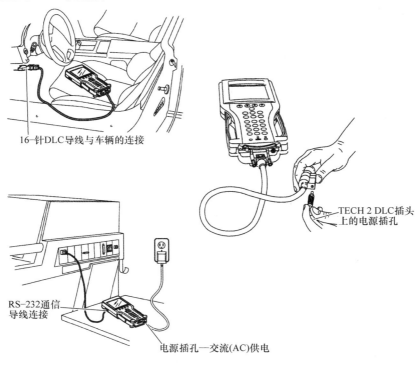

图 2-71　连接 TECH2

（3）在车辆上使用 TECH2　按电源开关键开机（图 2-72），绿灯显示该工具已接通电源，这时维修人员应看到通电自检测正在运行。

POST 用来诊断 TECH2 最常见的系统故障，它在每次接通电源时都要运行以确保工具的正常运转。自检运行完毕后，TECH2 将简要显示自检结果。自检通过后，工具进入标题屏幕，使用者必须按"Enter"（确定）键才能继续操作。如果自检未通过，检测结果将显示检测到的故障。

自检故障可分为严重的和非严重的两类。严重的故障不允许使用者继续使用该工具，而应打电话通知"Techline 用户支持中心"。键盘故障就是一个典型的严重故障。自检过程中发现的非严重故障将会限制 TECH2 的使用。遇到情况应打电话咨询以便排除故障。

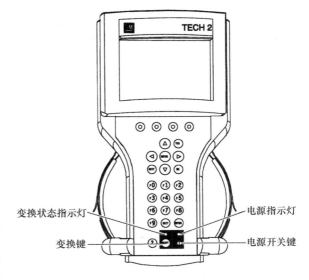

图 2-72　控制键位置

五、主菜单

本装置首次更新后,可得到显示的附加菜单选择条目如图2-73所示。

1. 诊断

诊断通常包括动力系统、车身、底盘三个诊断项目。

1)动力系统项目包括发动机/变速器的诊断功能,如读取发动机和变速器数据参数的能力;还有控制某些输出,如电磁阀的操作。

2)车身项目所包括的功能与动力系统项目近似。不过,就"车身"而言,其功能设计是为了支持某些系统的功能,如安全气囊辅助保护系统(SIR)、HVAC和一些音响诊断。

主菜单
F0:诊断
F1:维修编程
F2:查看已获取的数据
F3:工具选项
F4:启用

图2-73 主菜单屏幕

3)底盘项目包括的功能也与动力系统项目近似,增加了防抱死制动和牵引力控制有关的功能。

2. 车辆识别码(VIN)

所有的依法出售的车辆都有车辆识别码(VIN)。每辆车均有其专用的车辆识别码(VIN),因此这是识别车辆的一种可靠的方式(表2-3)。对于有效操作TECH2而言,VIN中第3、4、8和10位数字,是重要的车辆识别标志。

表2-3 车辆识别码(VIN)的编码与含义

位置	含义	编码	描述
1	国家或地区	1,4	U. S. Built
2	制造商	G	General Motors
3	厂家	C	Chevrolet Truck
		H	Oldsmobile MPV
		K	GMC MPV
		N	Chevrolet MPV
		T	GMC Truck
4	GVWR/制动系统	B	3,001 – 4,000 HYD Brakes
		C	4,001 – 5,000 HYD Brakes
		D	5,001 – 6,000 HYD Brakes
		E	6,001 – 7,000 HYD Brakes
		F	7,001 – 8,000 HYD Brakes
		G	8,001 – 9,000 HYD Brakes
		H	9,001 – 10,000 HYD Brakes
		J	10,001 – 14,000 HYD Brakes
		K	14,001 – 16,000 HYD Brakes

(续)

位置	含义	编码	描述
5	底盘类型	S T	Sm Conventional Cab – 4×2 Sm Conventional Cab – 4×4
6	系列	1 6	1/2 Ton Nominal 1/2 Ton Luxury
7	车身类型	3 4 8 9	4 – Door Cab/Utility Two – Door Cab Two – Door Utility Two – Door Extended Cab
8	发动机类型	W 5	4.3L V6CPI 2.2L L4MFI
9	检查码	—	Check Digit
10	生产年	1	2001
11	产地	K 8 2 X	Linden, NJ Shreveport, LA Moraine, OH E. E. M. S.
12 – 17	发动机号码	—	Plant Sequence Number

3. 诊断故障码（DTC）

每一个诊断应用项目均包括一个用于 DTC 的菜单选择条目。DTC 菜单选择条目可以使维修人员分析与被检测系统控制器相关故障码信息。图 2-74 所示屏幕显示是诊断装备 OBD – Ⅱ 车辆时常见的例样。

注意，并不是在所有的车辆或系统中都可以看到所有的菜单选择条目。

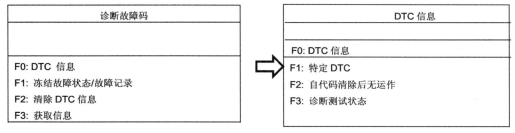

图 2-74　诊断故障码（DTC）信息

1）F0：DTC 信息。该信息表示基于所显示状态的诊断故障码。每一个代码均有属于自己的一页信息。如果同时设置多个代码，你必须逐页查看代码显示。

以下对每个诊断故障码（DTC）信息菜单选择条目做个简要解释。如果需要了解详细的解释，参见 OBD – Ⅱ 培训课程。

① F0：历史代码。显示作为有效故障储存在控制模块储存器中的 DTC。
② F1：故障指示灯（MIL）需求。该项 DTC 的搜寻仅限于显示要求 MIL 打开的 DTC。
③ F2：最后检测未通过。该项 DTC 的搜寻仅限于显示最后检测运行时未通过的 DTC。

④ F3：清除代码后检测未通过。该显示的 DTC 为自上次自动或手动清除 DTC 后未能通过检测的 DTC。

⑤ F4：清除代码后不运行。显示自上次清除 DTC 后未运行的 DTC。未运行 DTC 的状态（通过或未通过）未知。

⑥ F5：本次点火未通过。该项 DTC 的搜寻显示，在当前点火循环过程中至少未通过一次的所有 DTC。

2）F1：冻结故障状态/故障记录。冻结数据和故障记录仅限于装备 OBD-Ⅱ 的车辆，当设置了一个 DTC 并储存在发动机控制器的储存器中，可对冻结数据和故障记录进行快检。

3）清除 DTC 信息。清除储存在发动机控制器中所有的 DTC 信息，包括冻结数据和故障记录。进行诊断时，通常比较明智的做法是在清除代码之前把信息储存在检测工具中。

4）获取信息。从车辆中调取冻结数据/故障记录信息，并储存在 TECH2 中。该项菜单选择条目只能见于装备 OBD-Ⅱ 的车辆上。

5）诊断测试状况。仅适用于装备 OBD-Ⅱ 的车辆。该选项显示所有 DTC 的检测状况（图 2-75）。它显示全部 DTC，无论检测运行与否，无论是通过/未通过状态。

诊断测试状态	
DTC #	
P0101	不开动
P0102	不开动
P0103	不开动
P0121	不开动
P0130	不开动
P0477	不开动
P0478	不开动
P1445	不开动
P1610	通过及失败
MAF 系统效能	

图 2-75　主菜单/诊断/动力系统/DTC/诊断检测状况

4. 数据显示

图 2-76 所示为一个典型的数据显示。数据参数可拆分为许多数据表，因此要使用维修手册确定哪些数据表将显示所需信息。

发动机数据 1		
氧传感器	××××××××	YYYYYYY
节气门位置传感器	××××××××	Volts
发动机运行时间	××××××××	minutes
环路状态	Closed	
进气歧管绝对压力	××××××××	Volts
水温传感器	××××××××	Deg C
水温传感器	××××××××	Volts
怠速空气控制阀	××××××××	counts
选择项目	DTC	快检	更多

图 2-76　主菜单/诊断/动力系统/数据显示/发动机数据显示/发动机数据 1

进行数据显示时，使用箭头键显示全部的数据参数表。挑选表单显示缩减为 23 个字符长度，为了能看到全部的正文显示内容，将光标选中需要了解的参数上并查看正文区的显示。

进行数据显示时，你可以在显示区内锁定五个参数。当显示滚动时，这五个锁定的参数将停留在屏幕上方。

锁定参数的操作方法如下：

1）按压选择项目软键。
2）移动光标，从挑选表单中选择要锁定的条目，并按下 Enter（确定）键。
3）所需要锁定条目选定后，按压接受软键返回到数据显示。
4）如变更锁定表单，按选择项目软键，并再次选择参数，从而将其清除。
5）使用 Clear All（全部清除）软键清除所有锁定参数，然后再按接受软键。

在数据显示功能中，使用者可以通过按压 DTC 软键直接从数据显示中显示代码。TECH2 可以让使用者在数据显示功能下进行快检。该操作通过选择快检软键来完成。快检从触发点开始。如果储存两组捕捉数据，它将记录完一组后再记录另一组。

通过选择更多软键，可获得附加的功能。单位软键允许在英制和米制单位之间转换。其他有用的功能是"前列表"和"下列表"软键。这些软键便于在所得到的数据条目之间转换操作，而不需退出并重新选择不同的表单。

5. 工具选项

TECH2 主菜单最后一个选择条目是工具选项（图 2-77）。具体功能如下：

1）设置时钟。对比度和单位等的选择将会为 TECH2 设置新的缺省值。TECH2 每次开机时将使用新缺省值。"设置时钟"的功能可以重新设置 TECH2 的日期和时间。如果在退出该项功能之前不按"设置时钟"软键，设置内容将不会被保存。

2）设置屏幕对比度。"设置屏幕对比度"可以改变屏幕对比度，当 TECH2 关闭电源后仍将保持该对比度，根据 TECH2 屏幕指令设置对比度的缺省值。TECH2 每次单独重新供电后，对比度仍可能要设置。

3）设置单位。"设置单位"菜单选择可以使维修人员将单位设置成英制或米制单位。

4）自检。"自检测"可以使维修人员进行检测，以帮助诊断 TECH2 自身可能存在的故障。由于 TECH2 每次接通电源后自行操作通电自检测，通常不必使用"自检测"功能。如果发现故障，维修人员应到"自检测"菜单下查看结果。

```
工具选项

F0：设置时钟
F1：设置屏幕对比度
F2：设置单位
F3：自检
F4：设置培训中心模式
F5：TECH 2 编程
F6：设置通信解除方式
F7：复制 PCMCIA 卡
```

图 2-77 主菜单/工具选项

5）设置培训中心模式。"设置培训中心模式"功能仅用于通用汽车培训中心与 TECH2 相关的培训。

6）TECH2 编程。"TECH2 编程"可以使维修人员对 TECH2 诊断程序卡进行程序的更新。

7）设置通信解除方式。"设置通信解除方式"可以便于维修人员在没有车辆的情况下使用 TECH2 进行自学练习。

8）复制 PCMCIA 卡。"复制 PCMCIA 卡"可以使维修人员方便地将一块 PCMCIA 卡中的程序复制到另外一块 PCMCIA 卡上去。

六、特殊功能

如图 2-78 所示，特殊功能菜单选项可以调取输出控制和其他特殊检测两类功能。其他特殊检测包括进行系统再设置（如换档设定值）或执行防抱死制动系统自动排气程序等功能。

```
            专用功能

F0: 发动机输出控制
F1: 变速器输出控制
F2: 燃油系统
F3: IAC 系统
F4: 曲轴位置变化读出
F5: 缺火图示
```

图 2-78　主菜单/诊断/动力系统/特殊功能

选定特殊功能后，对于已编程的车辆，将会显示一个检测表。其中一个检测项被选中后所有与该检测有关的特定说明将被显示。接下来显示带有软键的一系列数据参数，软键将控制特殊检测功能。

特殊检测功能可以控制电磁阀或其他装置，这些装置通常由车辆 ECU 控制。当维修人员给予电磁阀指令时，车辆 ECU 接受指令并执行该功能，而不管输入指示进行什么样的操作。这样有助于确定系统当前出现的故障位置在哪里。

1. 快检

如图 2-79 所示，快检是在进行捕捉数据时对控制器接收到信息的记录。快检可用来分析与车辆症状有关的数据，这可使维修人员将注意力集中在故障发生时的状况上，而不必查看故障发生前的数据。

TECH2 可储存两组快检，用来对比不同的车辆状况。例如，可以对比热起动与冷起动、车辆的良好状况与不良状况。

快检储存在 PCMCIA 储存卡中，该卡不是无电源信息消失型。快检基于"先入先出"（FIFO）的原则进行储存，因此第三组快检覆盖第一组快检并依次类推。

快检可以从快检菜单选择条目中进行，也

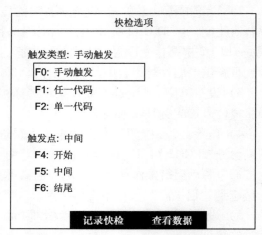

图 2-79　动力系统应用项目菜单/快检/发动机快检/快检选项

可以从数据显示软键选择条目中进行。

快检菜单选择条目选定后，可出现一些触发类型、触发点、数据收集速度设置的选择。

（1）触发类型　触发类型选择决定着如何引起快检。快检对象可以从任何代码、单一代码、手动触发三项中选择。"任何代码"模式将由第一个储存的 DTC 触发快检。只要 DTC 存在，触发总会发生。

单一代码模式将触发这样的快检，即当使用者储存特定的故障码时。

手动触发是当使用者按压软键触发快检时进行的一种模式。当使用任何代码或单一代码模式时也可以用手动触发。

（2）触发点　触发点是指触发事项在快检中数据的位置。这可以帮助维修人员在快检过程中确定数据参数变化的位置。如图 2-80 所示，触发点可设置于开始、中间、结尾三个位置。

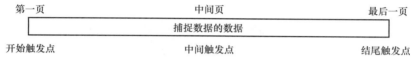

图 2-80　快检触发点

1）选择"开始"可使 TECH2 从触发事项发生点位开始记录信息，并持续到快检储存区存满为止。这种选择对于希望捕捉的有关症状是可以推测的非常有帮助。

2）中间触发点是一个缺省值选择，并被普遍应用，因为它储存触发前后同等时间范围的数据。这样可以进行触发事项发生前、发生过程中、发生后的数据比较。

3）如果想用触发事项停止快检，可求助于结尾触发点。它适用于以下情况：当发生故障时，维修人员忙于其他事情而想在发生故障后使快检停止。结尾触发点只包括快检触发前的信息。

（3）快检记录　确定选择后，选择记录快检。各选项均有一个相关的数据表，以此显示当前车辆存在的数据。数据表的操作控制与在数据显示菜单选择中一样。

如图 2-81 所示，TECH2 获取了捕捉数据的数据后，将显示快检为 0 范围。如果退出数据重现，可以进行另一组快检、退出，或重新显示以前保存的快检等操作。如果选定重现数据，可以从两组现有的快检记录中选择。以前记录的快检根据其显示的日期和时间来识别。因此在 TECH2 中正确设置时钟，对于正确识别时间很重要。

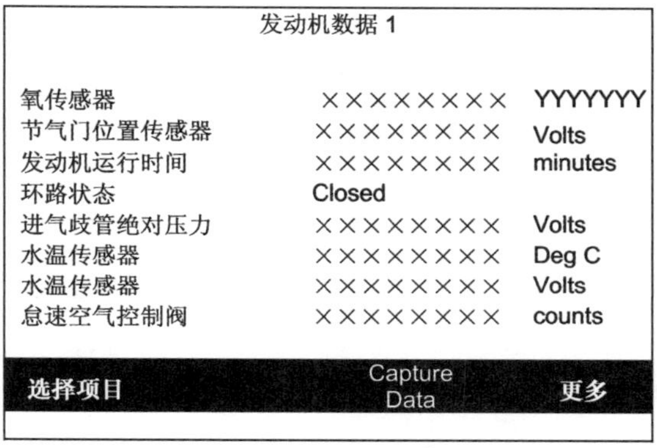

重新显示快检时，使用正常的数据显示控制功能，从某一个特定的时间点查看数据。在不同的时间段查看数据时，必须使用软键。使用软键时，可得到许多移动功能。这种一段一段地移动，或向前或向后移动的功能，是快检中移动的方法之一。"更多"软键给出如下的附加功能：

1）自动向前：逐页向前移动。

2）自动后退：逐页向后移动。

图 2-81　重现快检

3)标绘:用选定数据标绘图表。

如图 2-82 所示,标绘图表,首先选定图表中所呈现的项目。图表中一次只能显示三条项目,在绘制部分移动时应使用软键。

2. 维修编程

进入系统信息菜单选择条目,维修人员可以查看 OBD Ⅱ 系统功能的检测状况。这些选择条目有时称为 IM240 检测标志。如图 2-83 所示,维修编程之前首先进行 TECH2 导线连接,进入维修编程菜单选择条目,维修人员可以对汽车控制器软件进行升级。

(1)维修编程注意事项

1)确认 TECH2 和 Techline 终端软件均是当前最高版本。

2)在进行编程之前确认车辆蓄电池已适当充电(系统电压必须在 11~12V 之间)。

3)确认导线插头连接牢固,并且连线正确,在维修过程中不会突然断开而造成许多控制器失灵。

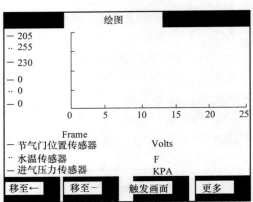

图 2-82 快检标绘

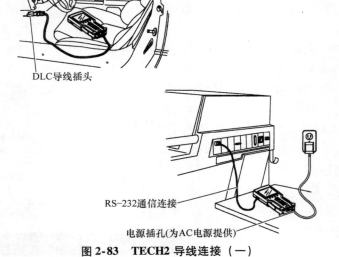

图 2-83 TECH2 导线连接(一)

(2)维修编程过程

1)确认即将进行编程的控制器已经安装在车辆上。

2)将 TECH2 与 DLC 连接。

3)在 TECH2 主菜单选择"维修编程",再选择"需求信息"。

4)根据 TECH2 屏幕显示的指令进行操作。该编程过程通过汽车控制器调取车辆 VIN 信息,以及编程过程中所需要的附加信息。

5)完成车辆信息调取后,拆下 TECH2,并将其与 Techline 终端相连接。

6）进入 Techline 终端的诊断菜单，选择 SPS/EEPROM。

7）选择"Terminal to TECH2"（终端与 TECH2 连接）并按压"Enter"（确定）。

8）从 Techline 终端上部的显示确认是否进入正确的车辆；如果不是，选择"New Vehicle"，并输入将被编程车辆的 VIN 信息。如果控制器是原件的更换件，确认 VIN 信息已正确输入。

9）输入车辆信息后，在 Techline 终端选择"Done"（操作）。

10）遵循 Techline 终端的屏幕显示指令，将 TECH2 与终端连接，连接的方式因终端类型不同而不同。

11）连接完毕后选择"OK"，Techline 终端将从 TECH2 调取车辆信息。

12）Techline 终端将查询适用于该车辆的正确校准数据的 Techline 光盘，一旦终端找到所有可能的校准，屏幕将显示当前校准和新的校准。在有些情况下，维修人员要从所获得的几个校准中选择正确的校准，例如，对于一辆货车车型应选择正确的轮胎尺寸。

13）一旦选定校准后，再从 Techline 终端菜单选择"Program"（编程），此时终端向 TECH2 输入校准。

14）输入校准完毕后，将 TECH2 与 Techline 终端的连线拆开。

15）再次将 TECH2 与该车辆连接。

16）在 TECH2 中选择"维修编程"。

17）从 TECH2 菜单选择"Program Vehicle"（编程车辆）并依据指令操作。

18）编程完成后，将车辆点火开关置于"off"，直至控制器完成"housekeeping"（防护）任务后，退出编程模式。

19）在起动车辆之前还要操作其他功能，如 TP Learn（节气门位置学习）或 IAC Reset（IAC 重新设置）等。

3. TECH2 的升级

Techline 终端将定期对 TECH2 进行升级（图 2-84），这些升级的版本将存入用于 Techline 终端的 CD – ROM。

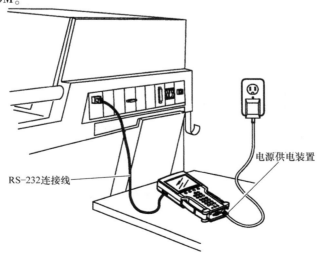

图 2-84　TECH2 导线连接（二）

为将 TECH2 升级，将其与 Techline 终端 RS-232 插孔或者 T-100 终端连接，再将 DLC 与 T-100 和 TECH2 的 DLC 连接。TECH2 使用车辆电源供电或者通过其自身所带的装置使用 AC 电源供电。

对于 Techline 终端，选择终端菜单，再选择"TECH2 升级"。Techline 终端将显示来自终端的升级信息。从屏幕选择"向上翻页"，依据连接指令操作并选择"OK"。如果 TECH2 需要升级，Techline 终端将显示一个要求进行升级的信息。升级过程完成后，Techline 终端将显示 TECH2 当前目录。

第四节　IT-Ⅱ检测仪使用说明

IT-Ⅱ检测仪的全称为 Intelligent Tester Ⅱ，是丰田公司指定的专用汽车故障诊断仪，除具有诊断仪的功能外，兼容示波器、万用表功能，是维修丰田公司电控汽车不可缺少的仪器。其功能主要包括读故障码、清故障码、读数据流、绘制数据流曲线、系统设定、控制单元编程、自检、记录和回放等。IT-Ⅱ检测仪各部件的名称如图 2-85 所示。

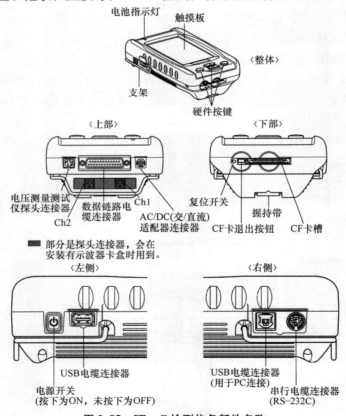

图 2-85　IT-Ⅱ检测仪各部件名称

一、使用前准备

1. 使用前充电

如图 2-86 所示，IT-Ⅱ的主机单元有一个特殊的内部可充电电池（锂离子电池），在出厂时尚未充电，在使用本测试仪之前一定要先对电池进行充电。充电步骤如下：

1）将AC/DC（交/直流）适配器的DC插头插入IT-Ⅱ的AC/DC适配器连接器。

2）将AC/DC（交/直流）适配器的电源插头插入一个电源插座。当开始充电，IT-Ⅱ上的电池指示灯呈红色亮起。当电池指示灯从红色变为绿色时，充电完毕。

3）将AC/DC（交/直流）适配器的DC（直流）插头从IT-Ⅱ的DC（直流）插座拔下。

4）将AC/DC（交/直流）适配器的电源插头从电源插座拔下。

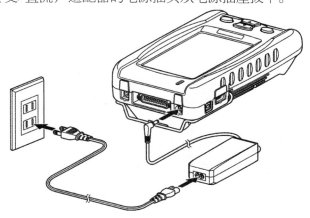

图2-86　IT-Ⅱ的充电

注意：充电时，无需将IT-Ⅱ上的电源开关转到OFF（关断）。在电源接通或关断的情况下，都可以对IT-Ⅱ进行充电。无论电源开关是ON还是OFF，从完全放电状态到将电池完全充满，都需要大约5小时的时间。

2. 连接到车辆

如图2-87所示，使用数据链路电缆，将IT-Ⅱ连接到车辆。在车辆维修手册中检查车辆侧数据链路连接器的位置（DLC3）。

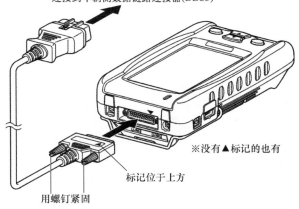

图2-87　IT-Ⅱ连接到车辆

3. 连接到 PC

如图 2-88 所示，使用 USB 电缆或串行电缆（RS-232C），将 IT-Ⅱ 连接到 PC。在下列情况下，需要连接到 PC：

1）在升级 IT-Ⅱ 软件时。
2）在重写车辆电脑（ECU）程序时。
3）在将 IT-Ⅱ 中存储的数据下载到 PC 时。

注意：在将数据下载到 PC 时，须使用附属的 Intelligent Viewer 软件。

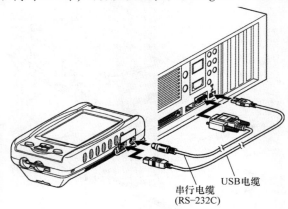

图 2-88　IT-Ⅱ 连接到 PC

4. 插入 CF 卡

IT-Ⅱ 可以使用 CF（CompactFlashTM）卡。如图 2-89 所示，插入和移除 CF 卡的方法如下：

1）插入 CF 卡。让较大的凹口（缺口）朝向左侧，轻轻插入 CF 卡。当 CF 卡已完全插入且正确入位时，CF 卡退出按钮就被弹出。
2）移除 CF 卡。按 CF 卡退出按钮，CF 卡退出一点，继续轻轻地将其完全拔出。

建议使用 DENSO 公司推荐的 CF 卡（DENSO 公司产品 95171-11120）。使用其他规格的 CF 卡时，不能保证机器的正确动作。

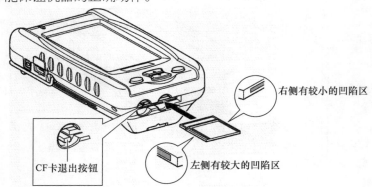

图 2-89　插入 CF 卡

注意：该卡槽只能插入 CF 卡，不要插入其他东西。当电源接通时，不要拔出 CF 卡。

5. 连接示波器卡盒

如果购买了可选的带内置示波器的卡盒，需要用该卡盒替换标准卡盒。如图 2-90 所示，拧松固定标准卡盒的五个螺钉，将卡盒取出。用带内置示波器的卡盒替换标准卡盒，然后将五个螺钉紧固到（0.5±0.1）N·m 的力矩，将卡盒固定到位。

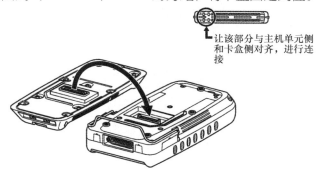

图 2-90　连接示波器卡盒

注意：在更换卡盒之前，切记确保 IT-Ⅱ 的电源为 OFF（关断）。将带内置示波器的卡盒连接到主机单元时，仔细检查连接器的配置，轻轻地将卡盒径直插入。小心不要用手接触主机单元或卡盒的连接器部分。

6. 连接探头

有两种类型的探头，即电压测量测试仪探头和示波器探头。示波器探头是示波器的一个附件。连接方法如下：

1）连接示波器探头。如图 2-91 所示，无论探头为 IC 夹型、针型，还是齿口夹型，都会用一个螺钉将探头尖固定到示波器探头。

2）连接电压测量测试仪探头。如图 2-92 所示，连接电压测量测试仪探头。为了正确进行测量，切记连接数据链路电缆。

注意：为了正确进行测量，除了数据链路电缆，还可以使用可选的点烟器电缆或电池电缆。

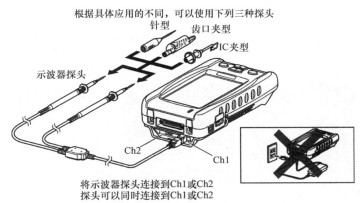

图 2-91　连接示波器探头

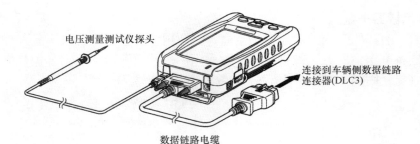

图 2-92　连接电压测量测试仪探头

二、基本操作

1. 开始和结束

（1）开始

1）用数据链路电缆连接 IT－Ⅱ和车辆侧数据链路连接器（DLC3）。

2）将车辆点火开关转到 ON（接通）位置。

3）如图 2-93 所示，按 IT－Ⅱ电源开关以将电源接通。

注意：在启动过程中，在车上/离车检查屏幕显示出来以前，千万不要将 IT－Ⅱ电源开关关断。

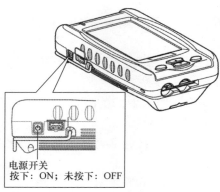

图 2-93　按电源开关以将电源接通

显示开启屏幕之后，显示会自动切换到车上/离车检查屏幕（图 2-94）。

Toyota开启屏幕

Lexus开启屏幕

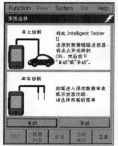
车上/离车检查屏幕

图 2-94　开启屏幕及检查屏幕

有两个开启屏幕，一个用于 TOYOTA，一个用于 LEXUS，可以使用品牌选择功能进行选择。出厂设置为 TOYOTA 开启屏幕。

4）如图 2-95 所示，将 IT–Ⅱ 用作 OBD 功能时，触按车上/离车屏幕上的 自动 和 手动。系统选择屏幕显示出来。

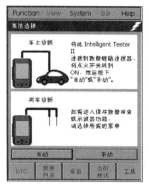
车上/离车检查屏幕

系统选择屏幕

图 2-95 屏幕选择

（2）结束

1）将车辆点火开关转到 OFF（关断）位置。

2）如图 2-96 所示，按 IT–Ⅱ 电源开关以将电源关断。

3）将数据链路电缆从车辆侧数据链路连接器（DLC3）断开。

2. 屏幕配置

IT–Ⅱ 屏幕配置如图 2-97 所示。

注意：IT–Ⅱ 显示屏是一个触摸板，所以要用手指进行操作。当菜单栏或按钮项目以灰色显示时，这表示该项目被禁用。

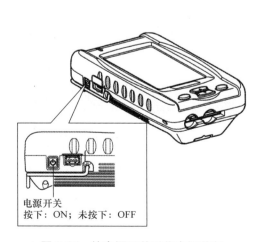

图 2-96 按电源开关以将电源关断

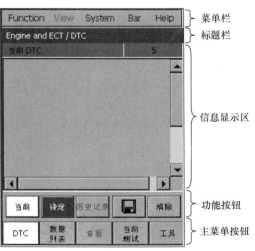

图 2-97 屏幕配置

（1）主菜单按钮 主菜单按钮（图 2-98）由常用功能构成。这些功能可以从菜单栏进行选择，但主菜单按钮可以用于一键启动这些功能。

图 2-98　主菜单按钮

1) `DTC` 开始 DTC 检查。停帧数据也可以通过 DTC 检查进行检查。
2) `数据列表` 启动数据列表。快照也可以通过数据列表进行记录。
3) `查看` 切换数据列表显示格式。
4) `当前测试` 启动当前测试。
5) `工具` 启动工具。

(2) 标题栏　如图 2-99 所示，标题栏显示 ECU 名称和功能名称。显示功率状态和通信状态的图标也出现在右端。标题栏右端的图标显示会随 IT-Ⅱ和车辆电脑（ECU）之间的连接状态而发生变化。

电池图标　　　　　　　　　　　连接器图标

图 2-99　标题栏

1) 电池图标。当 IT-Ⅱ和车辆电脑（ECU）未连接时，该图标显示出来，指示 IT-Ⅱ正在使用其内部电池。电池图标还用作指示器，显示内部电池的充电水平（剩余电量）。

2) 连接器图标。当 IT-Ⅱ和车辆电脑（ECU）正确连接后，该图标显示出来，指示 IT-Ⅱ正在使用车辆电源。连接器图标还用作指示器，通过其颜色显示通信状态。

通信开始时，连接器图标依据通信速度改变颜色：绿色（低速）、黄色（中速）和红色（高速）。通信速度取决于车辆电脑（ECU）。

(3) 菜单栏　五个菜单标题显示在菜单栏中，触按菜单标题显示其功能列表。

1) [Function] 菜单。[Function] 菜单用于选择要执行的程序。可以从 [Function] 菜单选择的功能如图 2-100 所示，解释说明内容见表 2-4。

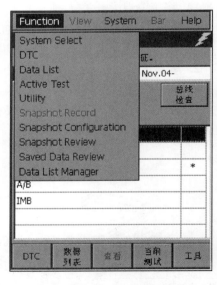

图 2-100　[Function] 菜单

表 2-4　[Function] 菜单解释说明内容

功能	内容
System Select	转到系统选择屏幕
DTC	开始 DTC 检查 停帧数据也可以通过 DTC 检查进行检查

(续)

功能	内容
Data List	启动数据列表 快照也可以通过数据列表进行检查
Active Test	启动当前测试
Utility	启动工具
Snapshot Record	启动快照记录
Snapshot Configuration	启动快照细节设置
Snapshot Review	显示已保存的快照数据文件
Saved Data Review	显示已保存的 DTC 数据文件
Data List Manager	启动数据列表管理器

2)［View］菜单。数据列表显示格式可以从［View］菜单进行选择。但是,［View］菜单只在从［Function］菜单选择了［数据列表］或［当前测试］功能后才被启用。可以从［View］菜单选择的功能如图 2-101 所示,解释说明内容见表 2-5。

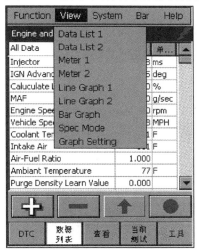

图 2-101　［View］菜单

表 2-5　［View］菜单解释说明内容

功能	内容
Data List 1	以单行列表的形式显示监视项目、值和单位
Data List 2	以双行列表的形式显示监视项目（缩写）、值和单位
Meter 1	以单行列表的形式显示监视项目、值（经放大）、最大和最小值以及单位
Meter 2	以双行列表的形式显示监视项目（缩写）、值（经放大）和单位
Line Graph 1	以单行列表的形式显示监视项目、值（折线图）、最大和最小值以及单位
Line Graph 2	以单行列表的形式显示监视项目、值和单位,以及值的折线图
Bar Graph	以单行列表的形式显示监视项目、值（条形图）、最大和最小值以及单位
Graph Setting	• 设置用于绘制显示数据的纵坐标（线形图1、线形图2、仅条形图） • 将蜂鸣器设置为 ON/OFF,即当图形上显示的最大值或最小值（数据列表1或数据列表2除外）被更新时是否发出声响

3）[System] 菜单。工具选项功能（默认设置功能）可以从 [System] 菜单进行选择。可以从 [System] 菜单选择的功能如图 2-102 所示，解释说明内容见表 2-6。

图 2-102　　[System] 菜单

表 2-6　　[System] 菜单解释说明内容

功能	内容
Set Up	设置背光和显示亮度，以及蜂鸣器
Unit Conversion	设置速度、温度、压力和流量单位
Language Select	选择用于 IT-Ⅱ的语言
Brand Select	设置开启屏幕（Toyota 或 Lexus）的品牌
Date/Time	设置日期和时间
Version Information	显示 IT-Ⅱ的版本信息
Memory Select	设置数据存储目标（记忆或卡）
Screen Configuration	更改触摸板触按键
Button Configuration	设置快捷键以及将屏幕图像保存功能打开或关闭

4）[Bar] 键。通过触按 [Bar] 将功能按钮显示打开或关闭。

5）[Help] 键。在已选择 [数据列表] 或 [当前测试] 的情况下触按 [Help] 时，对项目的解释会显示出来。在已选择 [工具] 的情况下触按 [Help] 时，对功能的解释会显示出来。

3. 基本操作

（1）显示操作

1）触摸板操作。如图 2-103 所示，IT-Ⅱ的显示屏是一个触摸板。显示屏上的操作都是借助手指进行的。要从列表选择一个项目或按一个按钮，用手指快速地敲一下项目或按钮。

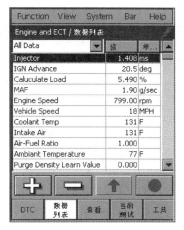
屏幕示例：以列表方式显示项目

屏幕示例：显示各种按钮

图 2-103　触摸板操作

2）滚动条操作。如图 2-104 所示，屏幕上会显示一个滚动条，其中包含一个列表。滚动条可以用来上下滚动列表。如果在按住滚动条的同时上下移动，列表会上下滚动。触按 ▲/▼ 一下，会将列表上下滚动一行。按住 ▲/▼ 不放，会使列表上下持续滚动。

当需要在屏幕上输入字符时，使用软件键盘。

（2）主机单元操作　如图 2-105 所示，IT-Ⅱ的主机单元有四个硬件按键。IT-Ⅱ的所有操作均可以在显示屏上执行，但四个硬件按键可以用f于频繁使用的功能，从而改善操作性。硬件按键功能见表 2-7。

图 2-104　滚动条操作

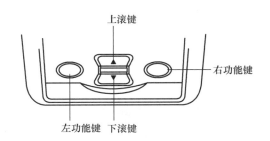

图 2-105　主机单元操作

表 2-7　硬件按键功能

硬件按键	功能
上滚键	当有一个列表（和滚动条）显示在显示屏上时，该键被启用。该键用于向上滚动列表。按该键一下将列表向上滚动一行；按住键不放会使列表持续向上滚动

硬件按键	功能
下滚键	当有一个列表（和滚动条）显示在显示屏上时，该键被启用。该键用于向下滚动列表。按该键一下将列表向下滚动一行；按住键不放会使列表持续向下滚动
左功能键	用于从当前显示的屏幕返回到车上/离车检查屏幕
右功能键	• 通常用于返回到系统选择屏幕 • 用于在电压测量以及借助示波器功能进行测量的过程中开始/停止测量 • 当屏幕图像保存被设置为"ON"时，按该键用于保存屏幕图像

4. 发生错误

（1）通信错误　如果在 IT-Ⅱ 的使用过程中发生通信错误，则显示出错误提示，如图 2-106 所示。

图 2-106　通信错误显示

如果发生通信错误，依据下面的步骤检查错误：

1）触按错误消息窗口右上方的［OK］。这会关闭窗口并返回到发生通信错误的功能的开始页面。

2）将车辆点火开关转到 OFF（关断）位置。

3）将 IT-Ⅱ 电源开关关断。数据链路电缆连接不良可能是通信错误的原因，检查 IT-Ⅱ 和车辆侧处的数据链路连接器（DLC3）连接。

4）重新启动 IT-Ⅱ。检查通信错误是否再次发生。如果确实如此，将 IT-Ⅱ 连接到另一辆车（相同型号），检查那辆车是否也发生通信错误。

① 如果没有发生任何通信错误，车辆可能有问题。根据需要，依照车辆维修手册，对车辆进行检查和维修。

② 如果发生通信错误，IT-Ⅱ 可能有问题。

（2）系统错误　如果在 IT-Ⅱ 的使用过程中发生系统错误，则显示出如图 2-107 所示的错误提示对话框。

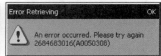

图 2-107　系统错误显示信息

如果系统错误发生，则执行下列步骤：

1）触按错误消息对话框中的［OK］。

2）将 IT-Ⅱ 电源开关关断。

3）开启 IT-Ⅱ电源开关，以重新启动 IT-Ⅱ。

如果重新启动 IT-Ⅱ没有消除系统错误，则记录错误消息，并向维修接待人员询问。

（3）屏幕锁死错误　如果在使用 IT-Ⅱ时按下触按键而没有响应或屏幕锁死，则执行下列步骤：

1）将 IT-Ⅱ电源开关关断。

2）按 CF 卡槽旁的复位开关（图 2-108）。

3）开启 IT-Ⅱ电源开关，以重新启动 IT-Ⅱ。

三、诊断功能

当 IT-Ⅱ已启动且开启屏幕显示出来后，车上/离车检查屏幕显示出来（图 2-109）。

当触按车上/离车检查屏幕上的 自动 和 手动 时，IT-Ⅱ开始与车辆通信并检查 ECU。要执行测量功能（诸如不需要与车辆进行通信的示波器），触按 工具 。

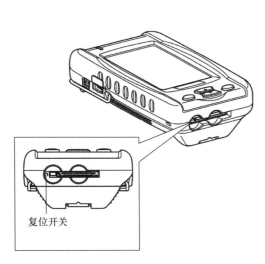

图 2-108　CF 卡槽旁的复位开关

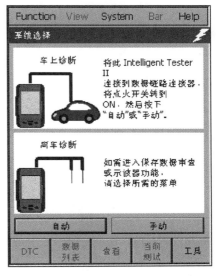

图 2-109　车上/离车检查屏幕

1. 系统选择

在对车辆进行诊断时，需要选择诊断系统（车辆内的系统）。

注意：在系统选择步骤之前，会出现图 2-110 所示的屏幕，选择需要诊断的车辆。

选择系统的步骤如下：

1）自动车辆选择。触按系统选择屏幕上的列表框，选择系统类别。当从车辆电脑（ECU）获得车辆信息后，系统选择屏幕显示出来。系统类别选择传动系、底盘或车身。然后就会显示正在诊断车辆上所安装系统的一个列表。如果无法获得车辆信息，会显示一个消息屏幕。

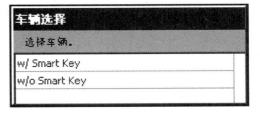

图 2-110　车辆选择屏幕

注意：当消息屏幕显示时，触按 确定 选择窗口。触按车上/离车检查屏幕上的 手动 ，选择需要诊断的车辆。

2）手动车辆选择。如图 2-111 所示，在车辆数据输入屏幕输入数据，指定需要诊断的车辆。当触按每一个数据按钮时，数据选择屏幕将被显示。从数据选择屏幕上选择需要诊断的车辆的数据。触按 确定 后，系统选择显示屏幕将被显示。从这一点开始的操作与自动选择车辆时相同。

注意：即使在手动车辆选择状态下，IT-Ⅱ也与车辆电脑（ECU）进行通信。在触按 手动 之前，将 IT-Ⅱ 与车辆连接。

车辆数据输入屏幕

数据选择屏幕

前一车辆选择屏幕

图 2-111　车辆信息选择

3）如图 2-112 所示，触按系统列表上的系统，进行诊断。

系统选择屏幕

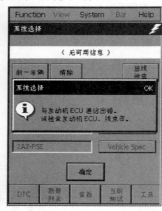
消息屏幕

图 2-112　系统诊断

2. DTC 检查

DTC 数据是在发生故障时存储在车辆电脑（ECU）内部记忆中的数据。检查 DTC 数据可能有助于查明故障的起因。

（1）DTC 数据显示　该功能显示系统选择屏幕上所选系统的 DTC 数据。显示 DTC 数据（图 2-113）的操作步骤如下：

1）从系统选择屏幕选择系统。

2）触按 DTC 主菜单按钮，也可以触按系统选择屏幕［Function］列表中的［DTC］。DTC 数据列表将显示在 DTC 数据显示屏幕上。

系统选择屏幕

[Function]菜单列表

DTC数据显示屏幕

图 2-113　DTC 数据显示

注意：橘黄色DTC数据左侧显示的"！"，表示已经为该数据记录了停帧数据。

按键说明：

① 当前 显示当前的 DTC 数据。在有 DTC 数据时，该按钮显示为蓝色。

② 待定 显示待定 DTC 数据。在有待定 DTC 数据时，该按钮显示为蓝色。

③ 历史记录 显示历史 DTC 数据（过去编码）。在有历史 DTC 数据时，该按钮显示为蓝色。

④ ■ DTC 数据。

⑤ 清除 清除车辆电脑（ECU）中所存储的 DTC 数据。

（2）DTC 数据存储　DTC 数据可以存储起来。数据存储目标的出厂设置是内部记忆。可以使用数据存储设置功能对数据存储目标进行更改。保存 DTC 数据的步骤如下：

1）如图 2-114 所示，从 DTC 数据显示屏幕功能按钮，触按 ■ 。DTC 数据保存屏幕显示出来。

2）所设置的文件名称显示在 DTC 数据保存屏幕上。如果该文件名称正确，触按 保存 。要另存为不同的文件，输入该文件的文件名，然后触按 保存 。

第一次显示该屏幕时，"车辆型号_ 型号年式_ 序列号"被自动设置为所显示的文件名称。

注意：已存储的 DTC 数据在任意时候都可以进行回放。IT-Ⅱ无需连接到车辆就可以进行回放。

如图 2-115 所示，如果存储器已满，DTC 数据删除验证对话框显示出来，从而可以删除不必要的 DTC 数据。

（3）DTC 数据清除　如图 2-116 所示，清除 DTC 数据的步骤如下：

1）从 DTC 数据显示屏幕功能按钮中，触按 清除 ，DTC 数据清除对话框显示出来。

2）在 DTC 数据清除对话框上触按 是 。按照屏幕上的操作说明删除 DTC 数据。

注意：在某些车辆上有显示车辆数据输入屏幕（图 2-117）。按照屏幕上的说明进行。

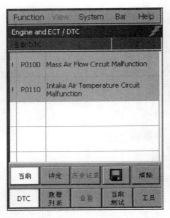 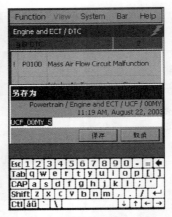

　　DTC数据显示屏幕　　　　　DTC数据保存屏幕

图 2-114　数据存储屏幕

（4）停帧数据显示　该功能显示与 DTC 数据有关的停帧数据。有两种类型的停帧数据：单一停帧数据，生成 DTC 数据时所记录的 ECU 数据；多重停帧数据，生成 DTC 数据时以及生成前后所记录的 ECU 数据。

图 2-115　DTC 数据删除验证对话框

显示停帧数据的方法如下：

在 DTC 数据显示屏幕上，触按左侧有"！"的显示为橘黄色的数据。

 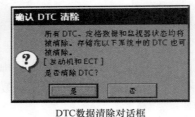

　　　　　　　　　　　　　DTC数据清除对话框

DTC数据显示屏幕

图 2-116　DTC 数据清除

注意：如图 2-118 所示，橘黄色 DTC 数据左侧显示"！"，说明已经为该数据记录了停帧数据。

如图 2-119 所示，单一停帧数据显示屏幕显示出其中包含单一停帧数据；多重停帧数据显示屏幕显示出其中包含多重停帧数据。

3. 数据列表

车辆电脑（ECU）数据也可以通过数字或图形格式进行监测，并且可以将快照记录下来。

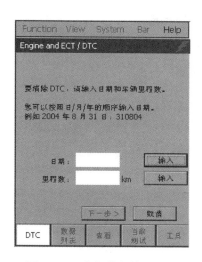

图 2-117 车辆数据输入屏幕

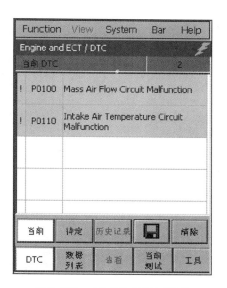

图 2-118 DTC 数据显示屏幕

单一停帧数据显示屏幕

多重停帧数据显示屏幕

图 2-119 单一停帧数据显示

（1）数据列表显示 该功能显示系统选择屏幕上所选系统的 ECU 数据。如图 2-120 所示，显示 ECU 数据的步骤如下：

1）通过系统选择屏幕选择系统。

2）触按 数据列表 主菜单按钮。也可以触按系统选择屏幕［Function］菜单列表中的［Data List］。

ECU 数据列表显示在数据列表屏幕上。

（2）测量组选择 该功能可以将具体故障诊断所需的数据进行分组。可以通过选择一个测量组，将属于该组的 ECU 数据显示出来。

如图 2-121 所示，从数据列表屏幕列表框中选择测量组。在选择测量组后，属于该组的 ECU 数据就显示出来。

（3）显示切换 数据列表显示格式有七种，这些显示格式如图 2-122 所示。

  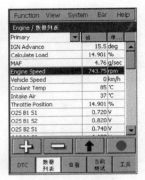

系统选择屏幕　　　　　　[Function]菜单列表　　　　　数据列表屏幕

图 2-120　ECU 数据列表显示步骤

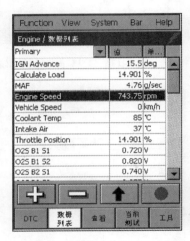 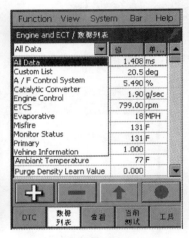

数据列表屏幕　　　　　　　　测量组选择屏幕

图 2-121　测量组选择步骤

1）最大值、最小值和现时值显示。如图 2-123 所示，如果显示格式为仪表 1、线形图 1 或条形图，则 Max（最大值）、Min（最小值）和现时值显示在数据项目的左侧。但是，如果值并非数字（ON/OFF 等），则不显示。

2）显示格式切换。切换显示格式有下列两种方法：

① 如图 2-124 所示，通过触按主菜单 查看 选择显示格式。每触按一次 查看 显示屏幕形式将按顺序切换至下一类型：Data List 1→Meter 1→Line Graph 1→Line Graph 2→Bar Graph。

② 如图 2-125 所示，从菜单栏［View］菜单中进行选择。

3）数据列表 1。如图 2-126 所示，数据列表 1（数字显示）以数字形式显示数据。可以借助列表框选择测量组，可以通过触按菜单栏上的［Bar］，将功能按钮显示开启和关闭。

4）数据列表 2。如图 2-127 所示，数据列表 2（压缩数字显示）用缩写表示数据名称，其所显示的数据量是数据列表 1 的两倍。可以借助列表框选择测量组，可以通过触按菜单栏上的［Bar］，将功能按钮显示开启和关闭。

5）仪表 1。如图 2-128 所示，仪表 1（放大数字显示）以放大数字形式显示数据。其

第二章 专用型汽车诊断仪器

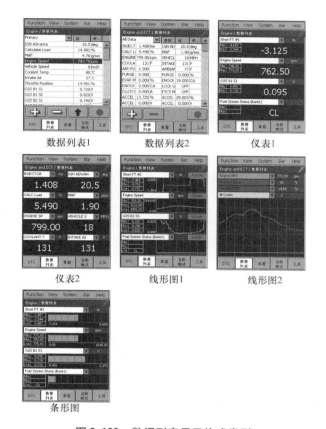

图 2-122 数据列表显示格式类型

特点如下：

① 显示最大和最小值。

② 可以借助列表框选择所要显示的数据。

③ 可以通过触按菜单栏上的［Bar］，将功能按钮显示开启和关闭。

6）仪表 2。如图 2-129 所示，仪表 2（压缩放大数字显示）用缩写表示数据名称，其所显示的数据量是仪表 1 的两倍。可以借助列表框选择所要显示的数据，可以通过触按菜单栏上的［Bar］，将功能按钮显示开启和关闭。

7）线形图 1。如图 2-130 所示，线形图 1 将数据显示为线形图。其特点如下：

① 显示最大和最小值。

② 显示数据的现时值。

③ 可以借助列表框选择数据。

④ 可以通过触按菜单栏上的［Bar］，将功能按钮显示开启和关闭。

8）线形图 2。如图 2-131 所示，线形图 2（线形图组合显示）在同一坐标轴上将多重

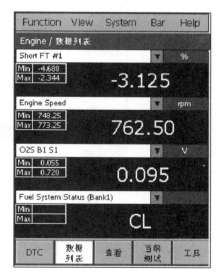

图 2-123 最大值、最小值和现时值显示

图 2-124 主菜单按钮

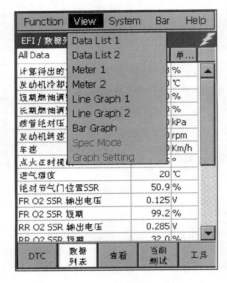

图 2-125 [View] 菜单

数据列表1

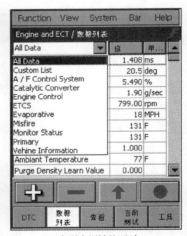
在列表框被拉下时

图 2-126 数据列表显示

数据集数组显示为一个线形图。可以借助列表框选择数据，可以通过触按菜单栏上的 [Bar]，将功能按钮显示开启和关闭。

9）条形图。如图 2-132 所示，该功能将数据显示为条形图。可以借助列表框选择数据，可以通过触按菜单栏上的 [Bar]，将功能按钮显示开启和关闭。

4. 快照

数据列表中的数据可以进行记录/保存/回放。另外，可以对快照操作进行设置。

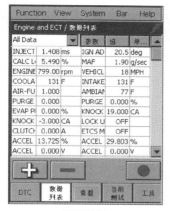
数据列表2

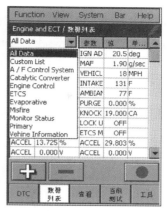
在列表框被拉下时

图 2-127　压缩数字显示

仪表1

在触按[Bar]菜单时

带列表箱

图 2-128　放大数字形式显示数据

仪表2

在触按[Bar]菜单时

带列表箱

图 2-129　压缩放大数字显示

快照记录/保存的步骤如下：

1）触按 ● 功能按钮。如图 2-133 所示，可以从数据列表屏幕［Function］菜单列表，触按［Snapshot Record］，快照记录/保存屏幕即显示出来。

2）数据记录/保存自动开始。如图 2-134 所示，当数据记录/保存结束时，系统进入回

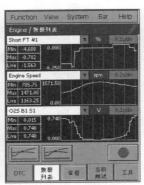

线形图1　　　　　　在触按[Bar]菜单时　　　　　　带列表箱

图 2-130　线形图 1 显示

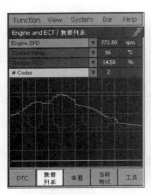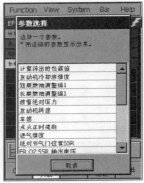

线形图2　　　　　　在触按[Bar]菜单时　　　　　　带列表箱

图 2-131　线形图 2 显示

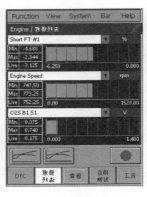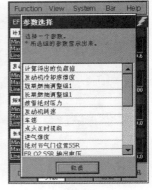

条形图　　　　　　当[Bar]菜单被触按时　　　　　　带列表箱

图 2-132　条形图显示

放/新记录待机模式。"车辆型号_ 型号年式_ 序列号"被自动设置为所保存的文件名称。在记录时，可以通过触按 🚩 来设置快照旗标。

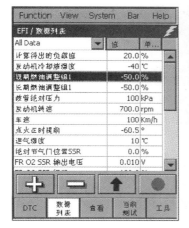 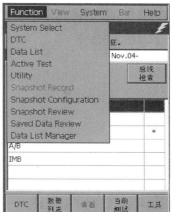

数据列表屏幕　　　　　　　　　　[Function]菜单列表

图 2-133　快照功能显示

进行记录时　　　　　　进行保存时　　　　　回放/新记录待机

图 2-134　数据记录/保存自动开始

第三章 汽车检测设备

第一节 四轮定位仪

汽车四轮定位仪是一种用于检测汽车车轮定位参数的精密测量仪器。通过与原厂设计参数进行对比,可指导使用者对车轮定位参数进行相应调整,使其符合原设计要求,以达到理想的汽车行驶性能,即操纵轻便、行驶稳定可靠、减少轮胎偏磨损。

汽车四轮定位仪是通过定位角度测量诊断车辆的不适症状并予以治疗,它分为前轮定位和后轮定位,前轮定位包括主销后倾角、主销内倾角、前轮外倾角和前轮前束四个内容,后轮定位包括车轮外倾角和逐个后轮前束。一般情况下,新车驾驶 3 个月后,就应做四轮定位,之后每行驶 1 万 km,就应轮胎换位,如果发生碰撞,应及时做四轮定位。下面以 X–631/X–631+ 四轮定位仪为例进行介绍。

 概述

1. 简介

X–631/X–631+ 四轮定位仪采用了高分辨率进口 CCD、高精度进口倾角传感器及精密光学成像系统,主要用于检测汽车车轮定位参数,了解汽车底盘状况,指导用户对车轮定位参数进行相应调整,从而达到理想的行车和驾驭效果。

因为四轮定位仪需要把检测结果与原厂标准数据进行对比,并根据对比结果指导用户进行调节,所以定位数据库齐全与否是决定四轮定位仪实用性的一个重要因素。X–631/X–631+ 四轮定位仪保存有 1 万种以上车型的四轮定位数据,同时用户还可自己输入新车型的四轮定位标准数据,对标准定位数据库进行扩充。

2. 四轮定位仪的功能

该款四轮定位仪有以下功能:

1) 提供前轮前束、前轮外倾角、主销后倾角、主销内倾角、后轮前束、后轮外倾角、推力角等常规测量参数，以及前轮退缩角、后轮退缩角、轴距差、轮距差、左侧横向偏位、右侧横向偏位、轴偏位等附加测量参数。

2）具有主销及外倾角调整实时显示功能。

3）具有调车帮助信息。

4）具有语音操作提示功能。

5）具有电源应急和及时充电功能。

6）具有 LCD 显示功能。

7）具有电子水平仪功能。

8）具有黑盒子自动诊断功能，实时把握系统运行状态。

9）具有前后探杆可互换功能。

3. 工作原理

X – 631/X – 631 + 四轮定位仪的电气工作原理如图 3-1 所示。

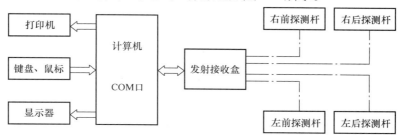

图 3-1　四轮定位仪的电气工作原理

二、仪器结构

X – 631/X – 631 + 四轮定位仪由主机、探杆、轮夹、轮夹挂架、转角盘（选配）、方向盘固定架和制动踏板固定架等组成。

1. 主机结构

X – 631/X – 631 + 四轮定位仪主机是用户的一个操作控制平台，由机柜、计算机、接口电路和电源等部分构成，如图 3-2 所示。

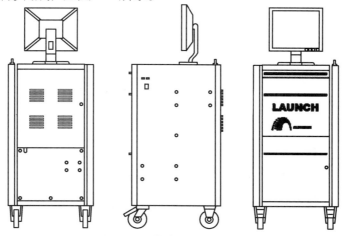

图 3-2　四轮定位仪外形结构

计算机部分包括主机、显示器、键盘、鼠标、打印机等。其中,显示器安装在机柜台面上;鼠标、键盘放在键盘抽屉中;打印机安装在机柜中部的抽屉中;电脑主机安装在机柜内部下层间隔内;接口电路部分包括射频主发射接收盒,安装在机柜中部。

电源部分包括电源引线、电源插座、电源开关、开关电源等。其中,电源开关安装在机柜的侧面板上;电源引线在机柜内部下层间隔的后部;电源插座在隔板靠近侧板处;开关电源安装在机柜后面板上。

2. 探杆

X-631/X-631+四轮定位仪配有四个探杆:分别为左前探杆(FL)、左后探杆(RL)、右前探杆(FR)和右后探杆(RR),如图3-3所示。前后探杆可以交叉互换,也可更换探杆。如果需要更换任意一个探杆,则只需标定该探杆,而其他三个探杆无须重新标定。

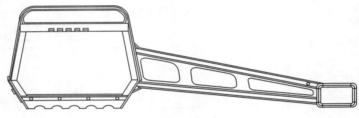

图3-3 探杆

(1)探杆结构 每个探杆的端部和中部各装一个CCD传感器,中部装有一个射频发射接收器。CCD传感器把获取的光点坐标无线传输给计算机系统,由计算机系统进行处理。每个探杆的中部有一操作面板,如图3-4所示,它分为LCD显示区域和按键操作区域。

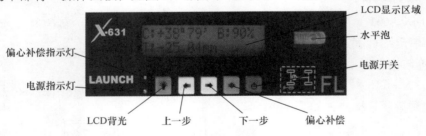

图3-4 探杆中部操作面板

(2)LCD显示区域功能 LCD显示区域功能说明,以X-631为例:LCD显示区域能实时反映出七种不同的工作状态:开机画面显示、充电状态显示、电子水平显示、偏心补偿操作显示、探杆测量显示、探杆状态显示、空闲状态显示。

1)[开机画面显示]:LCD上显示字符"Welcome to use X-631",如图3-5所示。

图3-5 开机画面显示

2)[充电状态显示]:LCD 上显示字符"Battery Charging",表示探杆正在充电,如图 3-6 所示。

图 3-6　充电状态显示

LCD 上显示字符"Charge Finished!",表示充电完成,如图 3-7 所示。

图 3-7　充电完成显示

注意:当 LCD 上显示字符">>>"时,表示正在充电;显示"=D-"时,表示充电完成,且电缆已连接,由外部供电。

3)[电子水平显示]:LCD 上显示字符"level",表示探杆正在进行水平位置调节,黑色浮标表示水平泡位置,如图 3-8 所示。

图 3-8　电子水平显示

当黑色浮标变成字符"OK"时,表示探杆位置已经调至水平,如图 3-9 所示。

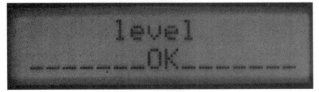

图 3-9　探杆位置水平显示

4)[偏心补偿操作显示]:显示探杆当前偏心补偿状态,0 表示当前探杆开始偏心补偿操作,如图 3-10 所示。

图 3-10　偏心补偿操作显示

90、180、270、360 分别表示要将轮胎旋转相应的角度，如图 3-11 所示。

图 3-11　轮胎旋转的角度

当探杆偏心补偿完成后，LCD 上显示探杆水平状态，并且探杆控制面板上的偏心补偿指示灯会变成绿色，如图 3-12 所示。

图 3-12　显示探杆水平状态

5）[探杆测量显示]：实时显示探杆测量到的车轮的外倾（C）、前束（T）和电池电量（B），如图 3-13 所示。

图 3-13　探杆测量显示

6）[探杆状态显示]：显示探杆（Sensor Heads）的位置以及电池电量（B），如图 3-14 所示。

图 3-14　探杆状态显示

7）[空闲状态显示]：LCD 上显示字符"Stand By..."，表示探杆处于省电的空闲模式。在空闲模式下，只要按"背光""上一步""下一步""偏心补偿"四个按键中的任一按键，或通过计算机与探杆间进行了通信，则能使探杆从空闲模式切换到正常工作模式，如图 3-15 所示。

图 3-15　空闲状态显示

（3）按键操作区域功能说明　按键操作区域共有五个按键开关，从左至右依次为：LCD 背光、上一步、下一步、偏心补偿、电源开关。

1）[LCD 背光]：该按键开关可以控制开/关 LCD 显示屏的背光灯。

2）[上一步]：在测量过程中，让系统返回到上一个操作步骤。

3）[下一步]：能够使整个测量过程按照系统的默认顺序（车型选择→偏心补偿→主销测量→后轴测量→前轴测量→报表打印）进行操作。

4）[偏心补偿]：偏心补偿操作专用按键。

5）[电源开关]：开启/关断探杆中的电源向探杆供电。

探杆盒的侧壁上有一个 9V 电源输入插座，为探杆中的充电电池充电使用。当充电电池电量充足时，充电电路会自动停止充电。

注意：探杆为精密器件，注意保管。如果发生磕碰造成测试数据不准，就必须重新标定受损探杆。

3. 轮夹

X－631/X－631＋ 四轮定位仪配有四个轮夹（图3-16）。使用时首先需通过调节旋钮将轮爪的间距调整合适，再与汽车轮辋相连。通过调节旋钮使轮夹与汽车轮辋紧密相连，为了安全起见，必须采用轮夹绑带把轮夹与轮辋连接起来。

轮夹装配正确与否同测试结果有很大关系。在装配轮夹时，要使轮爪避开轮辋上配重铅块处；同时务必使四个轮爪与轮辋充分接触。在使用过程中严防磕碰，以免造成变形影响测试精度。

4. 轮夹挂架

X－631/X－631＋ 四轮定位仪配有四个轮夹挂架（图3-17），拆箱后，需要将这 4 个轮夹挂架安装在机柜的左右两侧面板上。

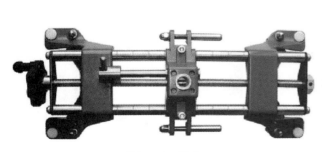

图 3-16　轮夹

图 3-17　轮夹挂架

5. 转角盘（选配）

X－631/X－631＋ 四轮定位仪配有两个机械转角盘（图3-18）。转角盘放置于举升机的汽车前轮位置处。车驶入前，用锁紧销将转角盘锁紧，防止其转动；汽车驶入后，松开锁紧销。在测试中，要尽量使汽车前轮正对转角盘中心位置。

6. 方向盘固定架

X－631/X－631＋ 四轮定位仪配有一个方向盘固定架（图3-19）。在测试中，需根据

图 3-18　机械转角盘

提示要求放置方向盘固定架,以保证测试过程中汽车车轮方向不会发生变化。

7. 制动踏板固定架

X-631/X-631+ 四轮定位仪配有一个制动踏板固定架(图 3-20),用于固定汽车制动踏板,使汽车在测试中不会发生前后移动的现象。

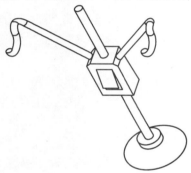　　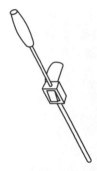

图 3-19　方向盘固定架　　　　图 3-20　制动踏板固定架

8. 标定架与标定架转接套（选配）

标定架与标定架转接套主要用于 X-631/X-631+ 探杆系统的标定(图 3-21)。

图 3-21　标定架与标定架转接套

三、基本操作流程

1. 基本情况了解

在对汽车进行四轮常规检测时,应首先询问车主关于车辆行驶方面的问题和出现的现象,以及过去四轮定位的检测情况,了解汽车的生产国家、生产厂家、车款、车型及出厂年代等有关情况。然后仔细检查底盘各零部件,包括胶套、轴承、摆臂、三角架球头、减振器、拉杆球头和方向盘是否有松动及磨损，检查轮胎气压和轮胎规格、两前轮花纹是否相同、两后轮花纹是否一样。如果发现有异常现象，应与车主进行沟通，并采取相应措施，保证测量准确。

2. 常规检测

当初步情况确定后，便可以开始进行常规检测。

3. 调整

在常规检测后，如发现所测出的结果不符合标准数据库的要求，则应进行相应的调整。

4. 试车

四轮定位调整完毕后，应进行试车，以检查车辆的行驶异常情况是否消除。如果未达到标准应重新进行测量调整。

四、操作说明

1. 测试前准备工作

1）将汽车驶到举升机上，使前轮正好位于转角盘（如选配）中心；车停稳后，拉紧驻车制动以确保车辆不移动和人员安全。车驶入前，用锁紧销将转角盘锁紧，防止其转动；汽车驶入后，松开锁紧销。

2）询问车主关于车辆有关行驶方面的问题和出现的现象，过去四轮定位的检测情况，并了解车辆的有关情况。

3）检查底盘各零部件，包括胶套、轴承、摆臂、三角架球头、减振器、拉杆球头和方向盘是否有松动及磨损，检查轮胎气压和轮胎规格以及两前轮花纹是否相同、两后轮花纹深浅是否一致。

4）将轮夹安装在四个车轮上，并旋转手柄以锁紧轮夹。根据实际情况将卡爪固定在轮辋外圈或内圈，卡爪深浅应一致，并尽量避免卡在变形比较大的区域。

5）将探杆安装在轮夹的轴套上，如图 3-22 所示为左前轮的连接方法。

6）调节探杆，使水平仪气泡处于中间位置，以保证传感器探杆处于水平状态。

7）将四轮定位仪的电源插头插入标准的三端电源插座中，并打开机柜电源，启动电脑。

8）将方向盘固定架放在驾驶座上，压下手把使之顶住方向盘以锁定方向盘。

9）将制动踏板固定架下端顶在制动踏板上，上端卡在座椅上撑紧，以使车辆固定。

2. 程序操作流程

打开电源，启动电脑，直接进入测量程序主界面。主界面显示有 8 项功能：常规检测、快速检测、附加检测、系统管理、报表打印、3D 界面/2D 界面、帮助系统、退出系统。程序主界面如图 3-23 所示。

图 3-22　左前轮的连接方法

五、常规检测

在主界面下，单击［常规检测］图标进入测量界面。

1）车型选择。在做四轮定位之前，必须先选择该车型的标准数据，界面显示如图3-24所示。

① ［下一步］：能够使整个测量过程按照系统的默认顺序（车型选择→偏心补偿→主销测量→后轴测量→前轴测量→报表打印）进行操作。

② ［导航栏］：可以不按照系统的默认顺序进行操作，而直接进入要测试的项目。

图3-23　程序主界面

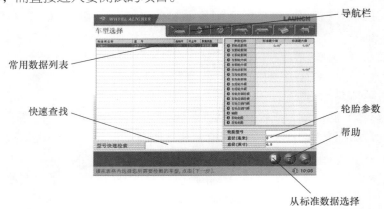

图3-24　标准数据界面

③ ［常用数据列表］：可以直接选择列表中的车型，进行下一步操作。如果是第一次使用，此列表是空的，必须要先将车型数据从标准数据库里加到此列表中，才可以使用。

④ ［从标准数据选择］：若常用数据列表中没有所需要的车型，还可以直接在标准数据库里寻找所需要的车型，然后进行下一步的操作。如果需要将此车型添加到常用数据列表中，需要在［系统管理］-［标准数据管理］页面内添加。

⑤ ［快速查找］：界面下方提供了针对车型型号快速检索的输入框，对于中文只需输入汉字拼音的首字母即可进行检索，对于英文则输入英文名称的首字母即可。

⑥ ［轮胎参数］：当前束单位用 mm 或 in 表示时，必须输入当前车辆的轮胎直径。

⑦ ［帮助］：当前界面的操作及注意事项说明。

2）操作步骤。在［常用数据列表］内选择相应的车型条目，然后单击［下一步］。

3）注意事项。

① 当系统前束用长度单位的时候，在该界面的右下角处需要先输入汽车的轮胎直径，否则无法进入下一步的操作。

② 当前提供的表格与［系统管理］界面内［常用数据管理］是同一个表格，可以直接

把系统自带的标准数据添加到该表中,单击[从标准数据添加]即可。如果标准数据库中没有需要测试的车型,需要手工添加自定义的数据,在[系统管理] - [标准数据管理]界面内添加,其中表格内的"轴距""前轮轮距"和"后轮轮距"均使用 mm 为单位。

六、特殊测量

根据选择车型数据的不同,可能会出现一些特殊的测量方法及操作步骤,如图 3-25 所示。

1)本系统针对部分奔驰车型的检测,提供使用坡度计来测量标准数据的操作。当选择数据为某些奔驰车型时,系统会弹出对话框,如图 3-25 所示,出现车辆水平测量的界面,如图 3-26 所示。

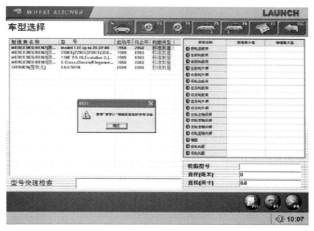

图 3-25 奔驰车型数据测量

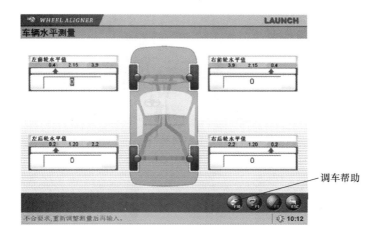

图 3-26 车辆水平测量的界面

可使用选配的专用测量仪器"坡度计",获取四轮水平值,显示在编辑框中。也可以参考编辑框上方所示范围,手工测量,输入到对应的编辑框。

① [调车帮助]:提供了当前型号奔驰的坡度计使用方法,操作员可参考帮助界面内的

操作方法进行汽车调测，如图 3-27 所示。

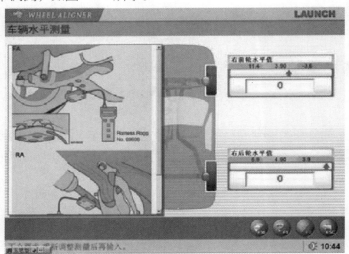

图 3-27　车辆水平测量

② 操作步骤：根据［调车帮助］界面的提示，先用坡度计完成对四个车轮悬架的水平测量，然后将坡度计连接到电脑主机上，系统会根据坡度计测量所得的各个水平值来确定当前车型的标准数据。

2）当选择一些特殊的车型（如宝马 3 系）时，会进入到［汽车配重］界面，如图 3-28 所示。

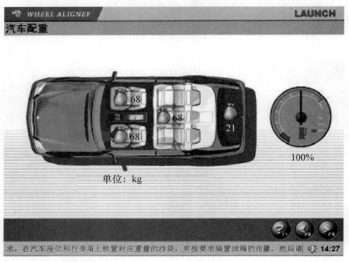

图 3-28　［汽车配重］界面

按照界面要求，在汽车座位和行李舱内放置对应重量的沙袋，并按要求装置油箱的油量，完成后单击［下一步］进入下一步操作。

3）当选择一些特殊的车型（如宝马 3 系）时，会进入［车身高度测量］界面，如图 3-29 所示，此界面提供了一个车身高度测量系统的操作平台，以便检查车身高度是否合乎原厂设计要求。

图 3-29　[车身高度测量] 界面

操作方法：根据界面下方的图片提示，分别用测量尺测量出前后左右的车身高度值，看是否在标准范围内。如果不在标准范围内，检查汽车状态，并调节相关部件，使相应的高度测量值都在标准范围内，完成后单击[下一步]。

4) 当选择一些特殊的车型（如 RENAULT MEGANE II）时，会进入到[非独立悬架测量]界面，如图 3-30 所示，此界面提供了一个非独立悬架测量系统的操作平台，以便根据车身的当前状态来确定其标准数据。

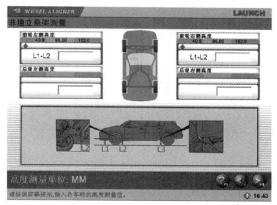

图 3-30　[非独立悬架测量] 界面

操作方法：根据屏幕下方的图片提示，分别用测量尺或特殊测量工具测量出前后左右的车身高度值，然后将车身高度值分别输入到对应的输入框内，完成后单击[下一步]。

注意事项如下：

① 进行[车身高度测量]和[非独立悬架测量]的检验条件：

a. 符合规定的轮胎气压。

b. 良好均匀的轮胎花纹。

c. 符合规定的车轮轴承间隙。

d. 符合规定的轮圈和轮胎。

e. 安装制动踏板固定架。

f. 按照正常行驶情况对全车进行配载，将座椅调整至中间位置，并将油箱加满。

② 如果测量出来的数值在公差范围之外，则说明车辆有缺陷，必须在车身高度测量前加以排除。

③ 如果是使用空气减振器的车辆，则要将其供气装置的熔断器拉出，以免其对车辆进行上下调整。

七、偏心补偿

偏心补偿是为了减小由于轮圈、轮胎的变形和轮夹的安装而引起的误差。建议每次测量时都选择该操作步骤，以提高测量精度。界面显示如图 3-31 所示。

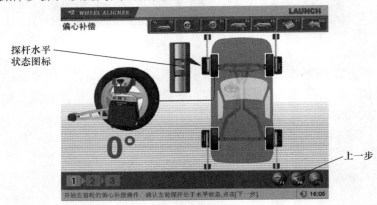

图 3-31　偏心补偿

（1）功能说明

1）［探杆水平状态图标］：表示当前探杆的水平状态，绿色代表水平，红色代表不水平。

2）［上一步］：返回上一步操作。

（2）操作步骤

1）转动方向盘，使车轮平直，用方向盘固定架固定方向盘，取下制动踏板固定架，然后用举升机举起车身，使车轮悬空并可以自由旋转。

2）分别安装四个轮夹以及探杆，并调整各个探杆水平。

3）根据屏幕提示，开始左前轮的偏心补偿操作，调整左前探杆水平，完成后单击［下一步］。

4）根据屏幕提示，将左前车轮旋转 180°，调整左前探杆水平，完成后单击［下一步］。

5）根据屏幕提示，将左前车轮旋转 360°，调整左前探杆水平，完成后单击［下一步］。

6）根据屏幕提示，分别完成右前、右后、左后车轮的偏心补偿。

7）操作举升机放下车身，使四轮着地，晃动车身，使车轮紧贴地面，偏心补偿操作完毕（界面显示偏心补偿数值）。

（3）注意事项

1）做偏心补偿前，一定要按照要求将方向盘固定死，以免做偏心补偿时轮胎发生左右摆动的情况，造成偏心补偿不准。

2）做偏心补偿时需要转动车轮，各个探杆都需要保持相对静止且水平。若操作过程中有探杆不水平，则系统无法进行下一步操作，直到探杆调整水平。

3）在有些车的左右车轮连动（即左车轮转动时，右车轮会跟着转动）的情况下，做偏心补偿，转动左（右）车轮时，一定要把左（右）车轮用双手把住，并且注意把住车轮时双手用力要均衡（以免使轮胎发生左右摆动的现象，造成偏心补偿不准），同时要看探杆是否水平，如果不水平，则需要转动车轮来调整探杆的水平，注意此时一定不能松动探杆来调水平。

4）若举升机上的二次举升机能同时举起前后轴，则做偏心补偿时应同时把前后轴举起进行操作；若举升机上的二次举升机每次只能举起单个轴，则在做前轮偏心补偿时单独把前轴举起，做后轮偏心补偿时再单独把后轴举起。

5）在［系统管理］－［系统设置］界面内可以设置 90°、180°和推车补偿三种偏心补偿方式。其中 180°补偿为标准补偿方式，其精度高，补偿时需要前后探杆参照测量；90°偏心补偿精度相对低，每个探杆可以独立完成偏心补偿操作，不需要其他探杆的参照，在剪式举升机的二次举升挡住中部 CCD 传感器或其他原因导致 CCD 传感器不能正常工作时，可以选择这种补偿方式；而推车补偿不需要举起车辆，只要推车即可完成偏心补偿。在以上三种偏心补偿方式中，推车补偿的精度最差。

八、推车补偿

推车补偿是为了减小由于轮圈、轮胎的变形和轮夹的安装而引起的误差，直接采用车轮运动轴线进行定位的操作方式。轮夹安装欠佳时建议选择该操作方式，以克服装夹方面带来的测量误差。界面如图 3-32 所示。

图 3-32 推车补偿

操作步骤如下：

1）转动方向盘，使车轮平直，用方向盘固定架固定方向盘，取下制动踏板固定架。

2）分别安装四个轮夹以及探杆，并调整各个探杆水平。

3）松开所有探杆，车向后推 45°，调整所有探杆至水平状态，完成后单击［下一步］。

4）推回原位置，调整所有探杆至水平状态，完成后单击［下一步］。

九、主销测量

主销测量是针对前轮而言的,包括主销内倾角及主销后倾角。主销内倾角可使车重平均分布在轴承之上,保护轴承不易受损,并使转向力平均,转向轻盈。主销后倾角的存在可使转向轴线与路面的交会点在轮胎接地点的前方,可利用路面对轮胎的阻力让汽车保持直行。界面如图3-33 所示。

图 3-33　主销测量

(1) 操作步骤

1) 方向盘调整至正前打直状态,即两前轮分前束相等的时候,操作界面上的圆形小球会移动到中间位置并且由红色变成绿色,此时调整所有探杆水平。

2) 选择向左或向右偏转方向盘,到达指定位置后,小球由红色变成绿色,表示此侧已完成采样。

3) 回正方向盘,并向反方向转动方向盘,到达指定位置后,新生的红色小球再次变成绿色,采样工作完毕。

4) 检测完毕,回正方向盘,系统自动弹出测量结果,界面如图3-34 所示。功能说明如下:

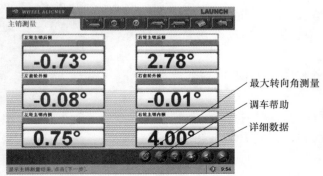

图 3-34　主销测量结果

①［最大转向角测量］：按照屏幕提示在转角盘读取左前轮最大转向角及右前轮最大转向角数据，并分别输入到对应数据框中，然后单击［返回］。界面如图 3-35 所示。

图 3-35　最大转向角测量

②［调车帮助］：部分车型提供，单击此按钮，可以弹出调车帮助界面，调车帮助界面内罗列了各种车型的主销调节方法，操作员可参考帮助界面内的操作方法进行汽车主销调整。界面如图 3-36 所示。

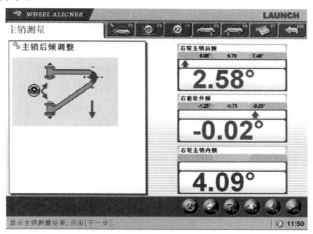

图 3-36　调车帮助

③［详细数据］：此界面供提供整个检测操作的结果输出，包括前后轮各个参数的测量值，如图 3-37 所示。

④［图形格式］：系统新增了图形格式的数据显示方式，单击［文字格式］，可以把数据显示在传统的文字格式和新增的图形格式之间切换，如图 3-38 所示。

（2）注意事项

1）做主销测量前，先安装制动踏板固定架，拉驻车制动，以确保车轮不会发生滚动，并去掉方向盘固定架。

2）在各测量界面，测量值用不同种类的颜色来表示。

①绿色：测量值在标准范围之内。

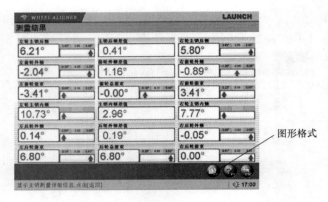

图 3-37 详细数据

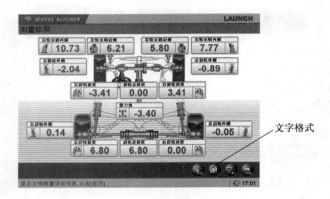

图 3-38 图形格式的数据显示方式

② 红色：测量值在标准范围之外。
③ 蓝色：该测量参数没有标准范围。

后轴测量

该功能可提供有关后轴测量的实时结果，操作员可一边进行调整，一边将测量结果与参考数据进行对比，把汽车调整至最佳状态，如图 3-39 所示。功能说明如下：

图 3-39 后轴测量

1)［双击］：鼠标左键双击左右后轮外倾和左右后轮前束的数据显示表格，相应的数据项将放大显示，便于远距离查看，所显示的内容由当前的测试内容决定。鼠标左键双击数据显示表格，或按［返回］，将返回至正常工作界面。放大显示界面如图3-40所示。

图3-40　放大显示界面

2)［附加检测］：此界面提供了一个特殊测量的操作平台，能够测量显示左轮横向偏移、右轮横向偏移、轴偏移、前轮退缩角、后轮退缩角、轮距差、轴距差等参数，显示界面如图3-41所示。

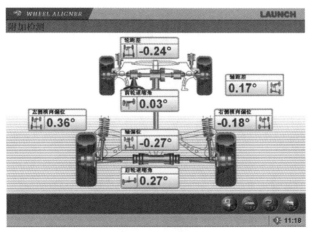

图3-41　附加检测

单击 按钮可以选择标准车型参数，如果标准数据里含有轴距、前后轮距的参数值，则屏幕显示的各角度值会自动转换成以mm为单位的长度值，显示界面如图3-42所示。

注意：系统只是提供了对这些特殊值的动态测量及显示，但测量结果不会保存到数据库里。

3)［调车帮助］：单击此按钮，可以弹出调车帮助界面（图3-43）。调车帮助界面内罗列了各种车型的前束及外倾调节方法，操作员可参考帮助界面内的操作方法进行汽车前束及外倾调整。

4)［举起车身］：有时可能需要将车辆抬起悬空，然后才能方便对前后外倾角进行调

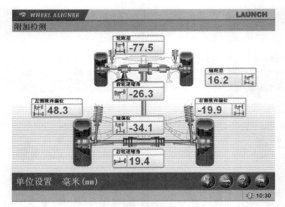

图 3-42 显示以 mm 为单位的长度值

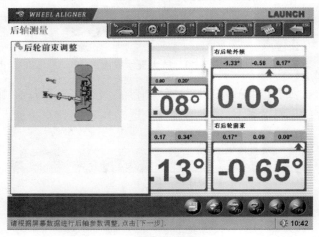

图 3-43 调车帮助

整。在抬起车轮时,传感器会移动,测量角度值也会改变,这时使用举升调整功能,单击[举起车身]并按照屏幕提示(图 3-44)操作,软件会自动补偿传感器的偏移,以实现准确调整。

图 3-44 举起车身

注意:调整完毕,单击[放下车身],并按照屏幕提示放下车身。后轴举升测量时如果不降举升机，则选择除［前轴测量］的其他界面时会有限制。显示界面如图 3-45 所示。

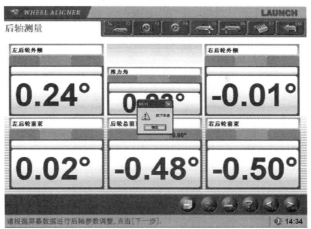

图 3-45　放下车身显示

十一、前轴测量

此功能可提供有关前轴测量的实时结果，操作员可一边进行调整，一边将测量结果与参考数据进行对比，把汽车调整至最佳状态，如图 3-46 所示。功能说明如下：

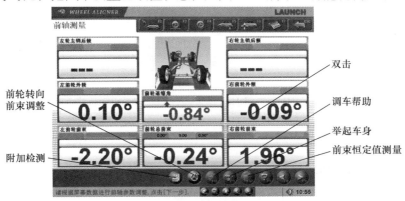

图 3-46　前轴测量

1）［双击］：鼠标双击左右前轮外倾和左右前轮前束的数据显示表格，相应的数据项将放大显示。

2）［附加检测］：此界面提供了一个特殊测量的操作平台，能够测量显示左轮横向偏移、右轮横向偏移、轴偏移、前轮退缩角、后轮退缩角、轮距差、轴距差等参数。

3）［前轮转向前束调整］：可以进行前轮转向前束调整，要确保回正方向盘。当使用两个探杆测量时，只显示总前束，不显示分前束。

4）［调车帮助］：单击此按钮，可以弹出调车帮助界面。调车帮助界面内罗列了各种车型的不同调节方法，操作员可参考帮助界面内的操作方法进行汽车调整。

5）［举起车身］：有时可能需要将车辆抬起悬空，然后才能方便对前后外倾角和后倾角进行调整。在抬起车轮时，传感器会移动，测量角度值也会改变，这时使用举升调整功能，软件会自动补偿传感器的偏移，以实现准确调整。

注意：调整完毕，单击［放下车身］，并按照屏幕提示放下车身。

6）［前束恒定值测量］：提供了针对帕萨特、奥迪等车型的特殊测量方法，操作员必须先将此类车辆的前束恒定值调到标准范围内，然后才能正常地进行车辆的前轴测量。在［前束恒定值测量］被激活时，进入界面，如图3-47所示。

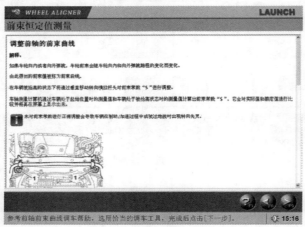

图3-47　前束恒定值测量

操作方法如下：

① 在［前轴测量］界面下单击［前束恒定值测量］进入前束恒定值测量界面，如图3-47所示。

② 按照屏幕提示，参考前轴前束曲线调车帮助，选用恰当的调车工具，完成后进行下一步操作。

③ 车辆处于放下的状态（B1位置），参照标准调整车轮前束到允许范围，界面如图3-48所示，按照屏幕提示用配套的特殊工具将车身举起，然后单击［下一步］，屏幕显示如图3-48所示。

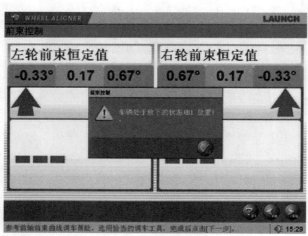

图3-48　车辆处于放下的状态

④ 按照厂家要求举升车辆到B2位置，参照标准值调整车轮前束到允许范围，界面如图3-49所示。

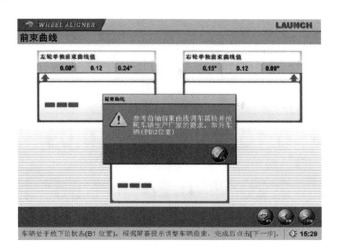

图 3-49　举升车辆到 B2 位置

⑤ 把车辆落回到 B1 位置，参照标准值调整车轮前束到允许范围，界面如图 3-50 所示。

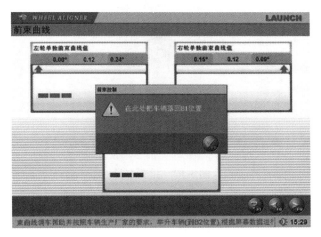

图 3-50　调整车轮前束到允许范围

⑥ 放下车身，单击［下一步］返回［前轴测量］界面。

注意：调整完毕，单击［放下车身］，并按照屏幕提示放下车身。前轴举升测量时如果不降举升机，则选择除［后轴测量］的其他界面时会有限制。显示界面如图 3-51 所示。

十二、报表打印

报表打印功能可以打印并储存当前车辆的定位数据，界面如图 3-52 所示。功能说明如下：

1）［车牌号码］：当前车辆的车牌号码。

2）［客户信息］：当前车主的相关信息，包括客户名称、联系人、地址。客户信息在此界面是不能直接用键盘输入的，必须单击［客户名称］后面的图标，进入［客户管理］界面才能选择相应的［客户信息］。如果［客户管理］里没有该客户的信息，则必须先添

图 3-51　返回前轴测量界面

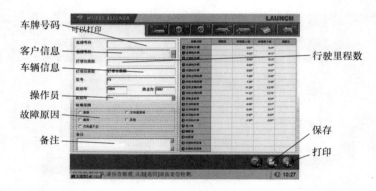

图 3-52　报表打印

加后才能选择（参考［系统管理］-［客户管理］）。

3)［车辆信息］：当前车辆的相关信息，包括行驶里程数、制造厂商、型号、起始年、终止年。［车辆信息］在此界面是不能直接用键盘输入的，如果在［常规检测］-［选择车型］界面中选择了汽车型号，则此界面会显示被选择的车型的相关信息，反之，不显示任何信息。

4)［操作员］：当前操作的人员名称。只有填写了［维修站信息］的［操作员］一栏，这里才能选择相应的［操作员］。

5)［故障原因］：当前车辆的不良症状。包括［磨胎］、［跑偏］、［方向盘不正］，［方向盘发抖］、［其他］5个选项。

6)［保存］：储存当前车辆的定位数据（必须输入［车牌号码］、［客户名称］及选择［故障原因］才能成功储存）。

7)［打印］：以表格或图形的格式打印当前车辆的定位数据（报表的格式设置参考［系统管理］-［报表设置］）。

注意：此界面提供的打印功能，只是针对本次检测的单个信息报表，而主界面上的报表打印功能是针对所有以前做过并保存的信息报表。

十三、快速检测

该款四轮定位仪具有快速检测功能。

（1）快速测量　在主界面选择［快速测量］图标，可进入快速测量界面，它提供了一个快速检测的操作平台，能够同时测量显示前后轮的前束值和外倾值，界面如图3-53所示。

1)［车型选择］：可以选择标准车型参数，方便调车（参考［常规检测］－［车型选择］）。

2)［报表打印］：可以提供测量数据的保存、打印功能（参考［常规检测］－［报表打印］）。

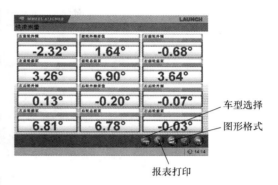

图3-53　快速测量

3)［图形格式］：可以切换到图形格式的数据显示界面，图形数据显示界面提供了推力角的显示，界面如图3-54所示。

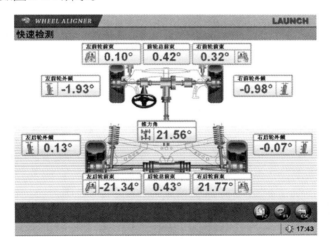

图3-54　图形格式的数据显示界面

（2）注意事项

1) 此界面只提供前后轮前束值、外倾值的测量及调整，其他测量功能到［常规检测］界面进行操作。

2) 此界面的前束默认单位是百分度，只有在选择了车型数据后，前束的显示单位才和［系统管理］－［系统设置］里设置的前束单位一致。

3) 只有在选择了车型数据后，报表打印界面里才可以保存测量数据。

特别注意：在进行主销测量、后轴测量、前轴测量以及快速测量的过程中，如果传感器被挡，则要进行低底盘测量设置，界面如图3-55所示。

此设置在重新选择车型或退出测量系统时会自动复位（探杆降位后，测量时水平调整

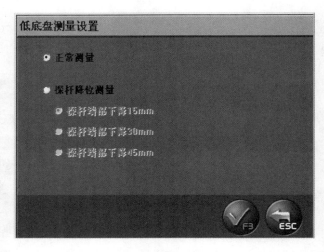

图 3-55 低底盘测量设置

要以电子水平为准)。

十四、附加检测

如图 3-56 所示,此界面提供了一个特殊测量的操作平台,能够测量显示左轮横向偏移、右轮横向偏移、轴偏移、前轮退缩角、后轮退缩角、轮距差、轴距差等参数。

单击 [车型选择] 按钮,可以选择标准车型参数,如果标准数据里含有轴距、前后轮距的参数值,则屏幕显示的各角度值会自动转换成以 mm 为单位的长度值。

注意事项:系统提供了对这些特殊值的动态测量及显示,但测量结果不会保存到数据库里。

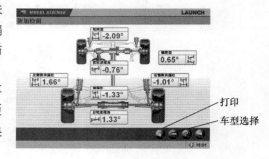

图 3-56 附加检测

第二节 全自动前照灯检测仪

前照灯检测仪是用来检测汽车前照灯的发光强度以及光轴偏移量的仪器,适用于汽车修理厂、农机部门、环保部门、4S 店对车辆前照灯进行检测与调整。

一、设备结构

如图 3-57 所示,FD-103 全自动前照灯检测仪(屏幕法)主要由采光屏、工控机柜、工控主机、控制系统、图像采集系统等组成。

(1)控制系统组成结构 如图 3-58 所示,控制系统主要由工控主机、显示器、键盘、鼠标和控制电路等部分组成。

（2）图像采集系统组成结构　图像采集系统主要由摄像设备和图像采集设备等部分组成。

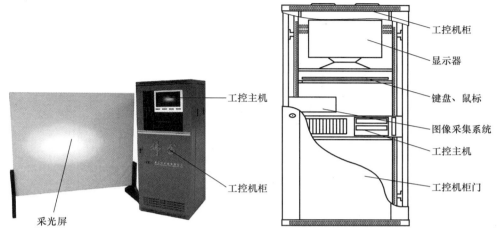

图 3-57　仪器外形　　　　　　　图 3-58　前照灯检测仪的台架结构

二、设备使用方法

1. 地基图与设备

（1）布局的准备　前照灯检测仪的布局对检测仪的测试结果有很大的影响，为保证安装后设备正常工作、达到预期的测试效果，务必按照图 3-59 所示布局图进行安装布局。

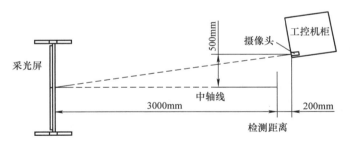

图 3-59　设备布局平面图

（2）设备的安装　设备安装的精度高低，直接影响设备的正常运行和测试精度。因此，对设备台架的安装，必须严格执行安装标准。安装要求如下：

1）确定采光屏的摆放位置，标出检测线的中轴线。

2）检测距离：3m。

3）摄像头与采光屏距离为 3.2m；与检测线中轴线垂直距离为 500mm；摄像头高度离地为 800mm。

4）按位置要求摆放好主机柜。

5）根据采光屏和主机柜的底板上 4 个 φ10 孔的位置，在地板上做好标记，移开设备，用冲击钻打 4 个深度为 90mm 的孔。

6)在上述的孔中,用安装附件中所带的拉爆螺钉(规格 M8×80),将设备固定在地面上。

2. 操作使用步骤

(1)功能简介

1)运行环境。硬件:工控机 PIII 800/HD2G/RAM256M,或以上;软件:操作系统 WIN2000/WINXP ok 系列视频卡驱动程序,FD-103 全自动前照灯检测仪(屏幕法)检测程序。

2)车型数据输入。以 Excel 表格形式输入车型号,以及远光发光强度范围值、远光偏角度范围值、近光偏角度范围值。

3)远光灯发光强度、偏角度测量。根据输入的车型数据及测量值范围,测量远光灯发光强度及偏角度并判断其测量值是否合格,并在屏幕左上角显示是否合格。

4)近光灯偏角度测量。根据输入的车型数据及测量值范围,测量近光灯偏角度并判断其测量值是否合格,并在屏幕左上角显示是否合格。

5)上位机联网控制测量。通过 RS-232/RS-485 通信口与上位机联网,控制灯光测量。

6)参数设置。用户可通过此功能设置通信口、图像参数及远近光灯光切换时间等。

7)标定。此功能应用于远光灯发光强度、偏角度和近光灯偏角度。

(2)操作说明

1)参数设置。如图 3-60 所示,双击"Test"图标,启动软件,单击[系统设置]选项,进入[参数设置]选择项。

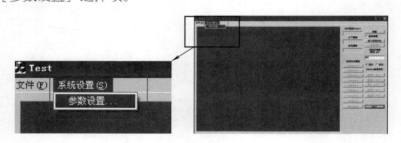

图 3-60 参数设置

分别设置串口通信设备、摄像头 CCD 增益调整通信口(RS-232)、上位机通信口(RS-485)、地址码及波特率、光斑图像通道(视频采集卡共有 4 个通道),以及远近光切换时间(单位:s)。出厂默认值见图 3-61。

2)发光强度及角度标定。

① 远光灯发光强度标定设置:首先输入灯高度(单位:mm),然后选择灯光标定模式为远光,单击[进入标定状态]按钮,进入远光标定模式,见图 3-62。

设置标准灯设备为远光灯,发光强度为 50*100cd,单击选择相应的发光强度档位[50*100cd]按钮,见图 3-63。

② 远光灯灯光角度标定设置:把标准灯设备保持远光发光强度为 200*100cd,并调节左右、上下角度分别为 0°、0°,单击[左右 0°上下 0°]按钮,见图 3-64。

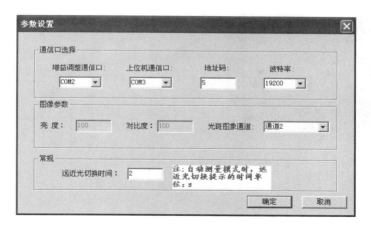

图3-61 通信口设置

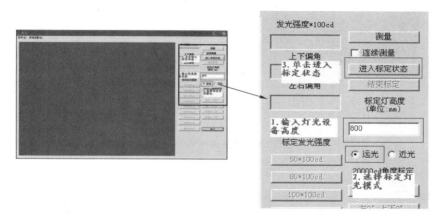

图3-62 远光标定设置

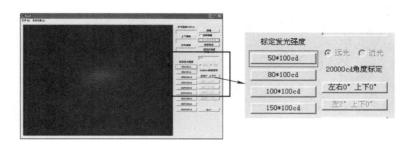

图3-63 远光发光强度标定

远光灯灯光角度标定时，发光强度必须保持不变，标完（左右0°上下0°）后才能标其他方位角度标定（左2°上下0°）、（右2°上下0°）、（左右0°上2°）和（左右0°下2°）。

③ 近光灯角度强度标定设置：首先输入灯高度（单位：mm），然后选择灯光标定模式为近光灯，单击［进入标定状态］按钮，进入近光标定模式，见图3-65。

设置标准灯设备为近光灯，并调节左右、上下角度分别为0°、0°，单击［左右0°上下

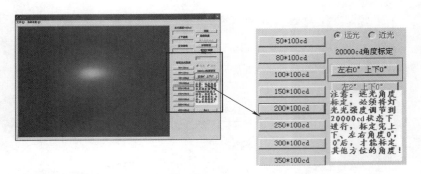

图 3-64 远光灯灯光角度标定设置

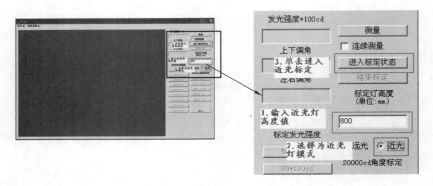

图 3-65 近光角度标定设置

0°］按钮，见图 3-66。

其他角度标定（左 2°上下 0°）、（右 2°上下 0°）、（左右 0°上 2°）和（左右 0°下 2°）等角度标定操作方法与图 3-66 所示操作相同。

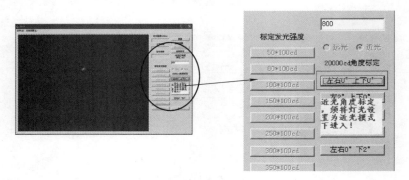

图 3-66 近光角度标定

3）灯光标定值测量。

① 测量：把标准灯设备调节到任一发光强度档位，并调节偏角度，单击［测量］按钮，见图 3-67。

② 连续测量：同样把标准灯设备调节到任一发光强度档位，并调节偏角度，单击［连

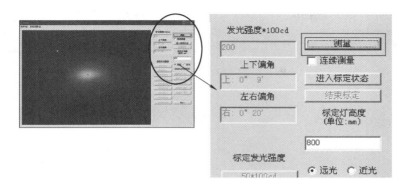

图 3-67 测量

续测量] 按钮，见图 3-68。

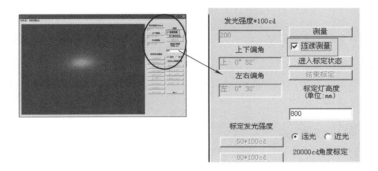

图 3-68 连续测量

4) 车型信息及测量值范围设置。

① 添加车型信息：双击"Screen Lamp Detect"图标 ，启动软件，单击 [设置] 按钮，见图 3-69。

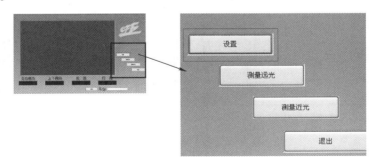

图 3-69 车型信息设置

单击 [添加] 按钮，进入添加车型信息模式，见图 3-70。在相应的文本框内输入数据，单击 [保存] 按钮，见图 3-71。

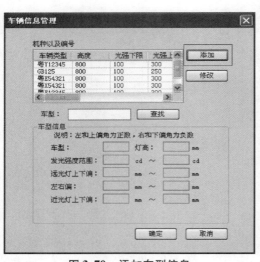

图 3-70　添加车型信息　　　　图 3-71　保存添加车型信息

② 修改车型信息：在车型信息表中选择要修改的车型，选中后，文本框会显示该车型信息内容，单击［修改］按钮，进入修改模式，见图 3-72。车型信息修改完成后，单击［更新］按钮，见图 3-73。

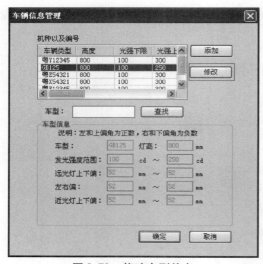

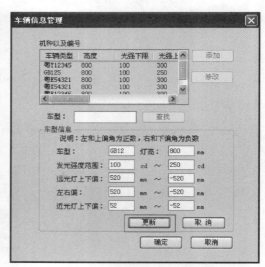

图 3-72　修改车型信息　　　　图 3-73　更新修改车型信息

③ 车型信息重复警告提示：添加或修改车型信息时，若输入的车型与现有的车型信息相同，则弹出警告提示，单击［是（Y）］按钮，则覆盖原有的车型，单击［否（N）］按钮，则取消添加或修改状态，见图 3-74。

④ 查找车型信息：在搜索车型文本框输入要查找的车型，单击［查找］按钮，见图 3-75。

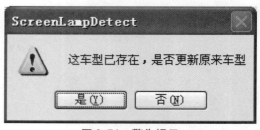

图 3-74　警告提示

若查找成功,则在车型信息框会显示该车型信息及测量值范围信息,单击[修改]按钮,则进入修改当前车型信息模式,查找成功并显示该信息(图3-76)。若查找不成功,则弹出警告提示,见图3-77。

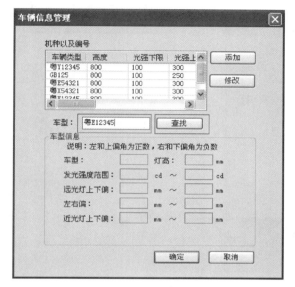

图3-75 查找车型信息

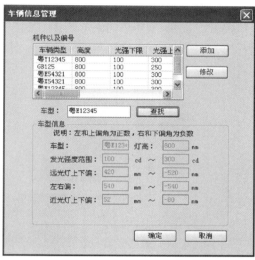

图3-76 查找并显示车型信息

5)车型灯光测量模式。方法如下:

① 手动模式测量发光强度及偏角度:单击[测量远光]或[测量近光]按钮时可测量,单击[自动]按钮后自动锁定当前车型,并测量当前车型的发光强度及偏角度、近光偏角。单击[测试远光]按钮,进入测试车型远、近光模式,若测试的结果合格,则在屏幕左上角提示为合格,见图3-78。

图3-77 没有找到车型信息

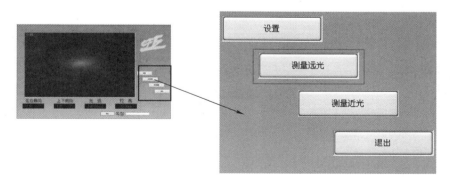

图3-78 车型远光测试

② 自动模式测量指定车型灯光:首先在车型文件框里输入要测试的车型信息,单击

［自动］按钮，若输入错误车型，则提示重新输入车型，见图3-79。否则，进入自动测试车型模式，测量模式为远光灯—近光灯，若测试的结果合格，则在屏幕左上角提示为合格，见图3-80。

在自动测量模式，首先测量远光灯，然后自动切换成测量近光灯模式，提示用户用标准灯设备切换成近光灯模式，系统不断闪烁提示剩余时间（单位：s），如图3-81和图3-82所示。

图 3-79　重新输入车型

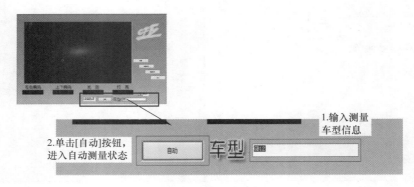

图 3-80　自动测量模式

图 3-81　车灯切换近光时间还剩 3s

图 3-82　车灯切换近光时间还剩 2s

三、设备维护

1. 日常维护

（1）日常维护

1）经常保持采光屏及摄像头滤光片表面清洁、干燥并无油污。

2）在天气潮湿时（如湿度大于 90%），最好先对电气部件打开箱盖用风筒进行烘干，以降低关键部位的局部湿度，一定要避免用电部位凝结水滴或结霜，以防止发生短路或烧坏电气元件等故障。

（2）每周保养

1）检查 CCD 摄像头连接件处的螺栓是否松动，如松动则进行紧固。

2）检查采光屏架座固螺母是否松动，如松动则进行紧固。

3）检查工控机框固螺母是否松动，如松动则进行紧固。
（3）每月保养　清理设备周围的杂物，检查软件的稳定性。

2. 日常维护简单故障处理

日常维护简单故障处理见表 3-1。

表 3-1　日常维护简单故障处理

故障现象	可能原因	解决方法
上位机已发送检测命令，但没有任何反应	1）串口插头松动 2）串口线断路	1）重新插好串口插头 2）重新焊接串口线
上位机发送检测命令后，应答不正确	1）指令不正确 2）波特率不正确	1）发送正确的检测命令 2）重新设置波特率
没有拍照图像	1）CCD 摄像头电源线或增益线松动 2）CCD 摄像头电源线或增益线断路 3）视频卡接触不良 4）视频卡驱动程序有文件丢失	1）重新插好电源线或增益线 2）重新焊接电源线或增益线 3）重新安装视频卡 4）重新安装视频卡驱动程序
灯光检测完毕，但数据不正确	1）操作员未严格按显示屏的提示进行操作 2）需要重新标定	1）操作员严格按提示操作 2）重新标定灯光检测仪参数

第三节　汽车排气分析仪

汽车排气分析仪是一种用来检测汽车尾气中各种气体元素含量指标的仪器。汽车排气分析仪是利用不分光红外线和电化学传感器，对汽车排气中主要组分 CO、HC、CO_2、NO_X 和 O_2 进行测量分析，具有稳定性好、测量精确度高以及使用寿命长等特点。下面以 FGA – 4100 汽车排气分析仪为例进行说明。

一、仪器结构

1. 仪器各部分名称及作用

FGA – 4100 汽车排气分析仪如图 3-83 所示，后部接口及部件如图 3-84 所示，由于版本不同，器件排列会有所差异，应以实际为准。汽车排气分析仪后部接口名称及作用见表 3-2。

图 3-83　汽车排气分析仪

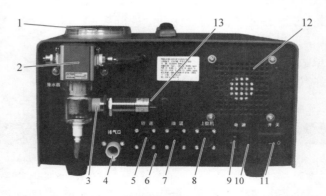

图 3-84 汽车排气分析仪后部接口及部件

表 3-2 汽车排气分析仪后部接口名称及作用

序号	名称	作用
1	粉尘过滤器	过滤尾气中的灰尘
2	除水器	除去尾气中的水分
3	接近开关	判断除水器水位是否达到限定高度
4	排气口	废气和冷凝水出口
5	转速传感器座	连接转速传感器
6	背光调节	调节液晶显示屏亮度
7	油温传感器座	连接油温传感器
8	通信口	和计算机进行串行通信
9	电源插座	连接 220V 电源线
10	熔丝座	安装熔丝
11	电源开关	开关仪器电源
12	风扇	仪器散热
13	调节端口	调节接近开关灵敏度

2. 主要部件说明

1)转速传感器。可根据电磁感应原理测量汽油发动机转速。使用时将传感器夹在汽油发动机高压点火线上,并注意使夹持点尽量远离其他点火线,不要将金属屏蔽盒的开口部分朝向其他点火线,同时将屏蔽盒的地线夹夹在发动机的金属外壳或金属螺钉上,减少其他点火信号的干扰。通过点烟器测量转速的方法见后文说明。

2)内置打印机。可以打印测量数据,以及车牌号码、测试日期。

3)油温传感器。用于测量发动机曲轴箱内机油的温度。测量时将机油尺取出,然后将油温传感器的前端插入,保证接触到机油,并用橡胶塞塞紧,防止机油溅出。

二、仪器的使用方法

1. 仪器的组装

(1)连接取样元件和排气管

1）按照图3-85所示连接取样管和取样探头，然后将A端和B端连接，仪器各部件的名称及作用见表3-3。

2）4G分析仪O_2传感器或5G分析仪O_2、NO传感器在出厂时已经安装好。

3）用一条内径为16mm的聚氯乙烯管连接在排气口处。

警告：排出气体有毒，若不慎吸入将有损健康，故应在排气口处连接一条排气管将气体排到安全且通风的地方。

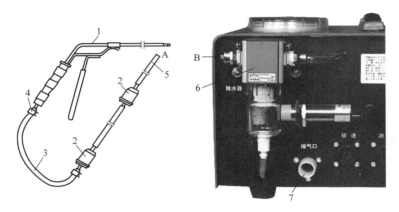

图3-85　连接取样元件和排气管

表3-3　仪器各部件的名称及作用

序号	名称	作用
1	取样探头	插入汽车排气管取样
2	汽油滤清器	过滤尾气中杂质
3	连接管	连接滤清器和取样探头
4	管夹	连接软管
5	取样管	连接滤清器和除水器
6	除水器	除去尾气中水分
7	排气口	接排气管将废气排出室外

（2）检查过滤元件（图3-86）

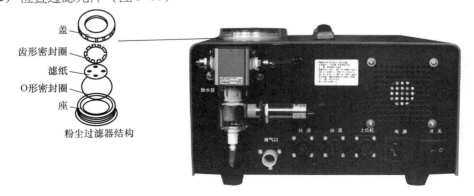

图3-86　过滤元件的位置及结构

1）检查汽油滤清器是否清洁及干燥。
2）检查粉尘过滤器滤纸是否清洁及完好。
3）检查各过滤器密封圈位置是否正确。

（3）检查熔丝　拉出熔丝座，取出熔丝并检查，其标值应为3A。

（4）检查电源　电源线应接在仪器所标明的工作电压和频率的电源上（220V、50Hz、10A），不要将仪器放置在电焊机等产生显著电磁干扰的场所附近，而且不要与这类装置共用一个电源，电源座应有接地端子，接地电阻应符合国家标准。

（5）检查接近开关　仪器打开电源，除水器内没有水时接近开关的指示灯不亮，用手去摸接近开关，指示灯会由不亮变亮；当除水器内有水并水位达到限定高度时，接近开关指示灯亮。

2. 仪器的使用

（1）预热及菜单界面　仪器打开电源后，由于仪器内部有发热和恒温装置，需要一定的时间才能达到热稳定，至少预热15min。仪器退出预热状态后进入主菜单界面。预热界面如图3-87所示。

注意：用户在预热时不要按动任何键，让其自动完成预热；同时不要把取样探头接入到汽车排气管中，预热前将测漏帽取下。

主菜单如图3-88所示，此界面是菜单的顶层，可以通过↑、↓选择子菜单，按OK进入。在子菜单时可以通过ESC按键，返回主菜单。

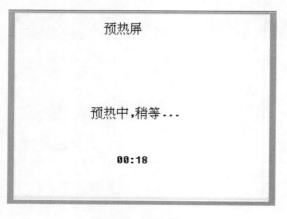
图3-87　预热界面

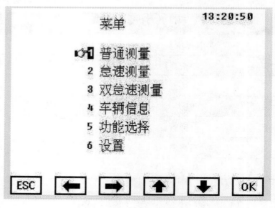
图3-88　主菜单

（2）普通测量界面　普通测量的界面如图3-89所示，建议在进入此界面之前进行一次调零。进入此界面后，显示屏显示实时数值，1s更新一次。在测量屏下可以进行以下操作：

1）按 键可以打开或关闭气泵。

2）连续记录某个时间段的数据值，并以曲线显示所有记录。记录时间可以通过按键↑设定，时间为0~5min。设定后按下OK键，开始取该时间段的数值，此过程有进度条提示；取值完毕后按键↓变为 ，按下该键可以查看曲线。设定值为0表示不取曲线，OK键无效。

3）冻结读数：当时间的设定值为0时，可以按下 冻结当前的读数。处于冻结状态时，数据反显，按键 ← 图标变为 🖨，表示按下该键可以打印当前数值，打印内容还包括车牌号码和当前日期时间；同时 ❄ 变为 ▶，此时按下 ▶ 即可解冻，实时刷新数值。

4）测量时管路如有堵塞，在时间左侧会出现堵塞标志 ∎。

5）在此界面，可按 ← 键来改变发动机缸数设置。怠速和双怠速界面与此类似。

注意：对于 2G，只显示 HC、CO、RPM、T_{oil} 参数，以下各测量模式相同。

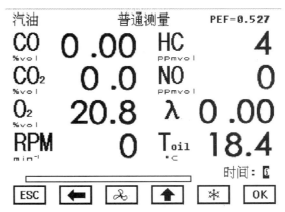

图 3-89 普通测量的界面

（3）怠速测量界面　怠速测量按照怠速法标准（表 3-4）进行测试。

表 3-4　怠速法标准测试

0.7 倍额定转速	减速	稳定	怠速测量
稳定 30s	15s	15s	30s

在图 3-90 所示界面下，根据仪器的提示完成怠速测试流程。操作步骤如下：

1）将取样探头插入汽车排气管内约 40cm，直到测试流程结束才可取出探头，并将转速传感器夹在发动机高压点火线上或者用点烟器信号线接到汽车点烟器或蓄电池上。

2）仪器提示加速，操作者要把发动机转速加到额定转速的 70%，具体数值在目标转速位置提示。显示界面会出现"保持"和 30s 的倒计时。倒计时完成后，进入下一个步骤。

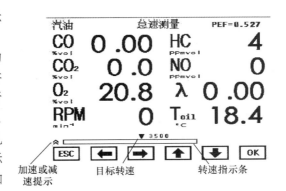

图 3-90　怠速测量屏

3）仪器提示减速到怠速。此时操作者应该松开油门，当发动机转速降到怠速范围时，显示界面会出现"保持"和 15s 的倒计时。倒计时完成，进入下一个步骤。

4）取数 30s，这个过程有倒计时。倒计时完毕，显示 30s 内的测试平均值，如图 3-91 所示。

5）这时按下 OK 键可以打印这个测试结果，按 ∎ 对应的键可保存当前测试结果。

6）怠速测试流程结束。

注意：此处的平均值是 30s 内的平均值，不是最大值和最小值的平均值，该处的最大值和最小值仅供参考。

（4）双怠速测量界面　双怠速测量的界面与怠速测量界面一样，将取样探头插入汽车

			怠速		
			最大	最小	平均
HC ppm			3	2	2
CO %			0.00	0.00	0.00
CO2 %			14.5	12.5	13.8
O2 %			0.0	0.0	0.0
NO ppm			0	0	0
λ			1.02	0.98	1.01
RPM			0	0	0
T ℃			20.2	20.2	20.2

图 3-91　显示 30s 内的测试平均值

排气管内约 40cm，并将转速传感器夹在发动机高压点火线上，按照双怠速测量流程的提示，用户可以完成相应的操作。对于轻型汽车，高怠速转速规定为（2500±100）r/min，重型车的高怠速转速规定为（1800±100）r/min；摩托车高怠速不能低于 2000r/min；如有特殊规定，则按照制造厂技术文件中规定的高怠速转速操作。

双怠速测试流程见表 3-5。测量结果如图 3-92 所示。

表 3-5　双怠速测试流程

0.7 倍额定转速	减速	高怠速		减速	怠速转速	
稳定 30s	15s	15s	30s	15s	15s	30s
		稳定	读数		稳定	读数

注意：此处的平均值是 30s 内的平均值，不是最大值和最小值的平均值，该处的最大值和最小值仅供参考。

（5）功能选择界面

1）校准。如图 3-93 所示，设定值区根据标准气体的浓度值来设定相应的数值。测量值区为通入标准气时显示的实际浓度值。校准成功后测量值应和设定值基本一致。功能说明如下：

① →：进入设置或者数字位选择。

② ←：退出该项的设置。进入设置后该按键才有效。

③ ↑和↓：改变设置内容。

④ OK：进行校准。

2）调零。选中"调零"（图 3-94），按下 OK 键即进行调零，调零过程需要 25s。调零

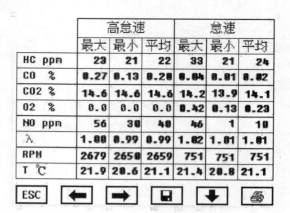

图 3-92　测量结果

图 3-93 校准

时利用空气中的氧校准氧通道,所以调零后,在测量界面氧读数应为(20.8±0.2)% VOL(需要安装氧传感器),其他气体读数在 0 附近。

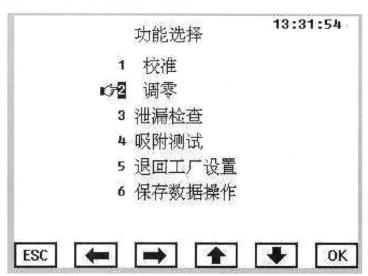

图 3-94 调零

3)泄漏检查。如图 3-95 所示,用于检查仪器取样系统是否有泄漏。连接好取样管和取样探头后,用测漏帽堵住进气口以及标气口(call 处用标气帽盖住),按下 OK 键开始检查。当仪器测量数值偏低时,先进行此项检查。如不合格,则检查粉尘过滤器盖和粉尘过滤器底座之间是否拧紧、粉尘过滤器底座螺纹是否破裂、除水器接头是否拧紧。

4)吸附测试。如图 3-96 所示,进行吸附测试时,取下探头上的测漏帽,探头必须放在清洁的空气中,以保证流经仪器内部的气体是清洁的。吸附测试合格必须同时满足以下条件:

① HC≤20×10^{-4}%VOL。
② CO≤0.03%VOL。
③ CO$_2$≤0.5%VOL。

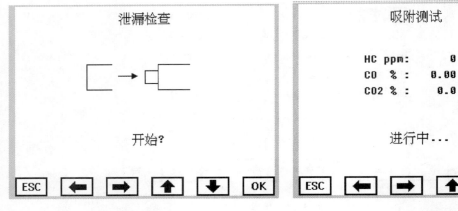

图3-95 泄漏检查　　　　图3-96 吸附测试

三、仪器的维护与保养

1. 简易故障处理

简易故障处理见表3-6。

表3-6 简易故障处理

现象	可能的原因	解决方法
打开电源开关后,显示屏全不亮,仪器无任何反应	1)电源插头接触不良 2)熔丝烧断 3)开关电源起保护作用	1)检查开关,检查电源插头 2)更换熔丝 3)检查电源输出是否短路
HC、CO、CO$_2$数值波动大	气体分析平台有问题	送回制造厂维修
取样流量低,反应慢,气路堵塞符号■出现	1)取样管或探头堵塞 2)过滤器堵塞	1)检查取样软管及探头 2)更换过滤元件
氧气显示大幅度摆动	1)氧传感器插头接触不良 2)氧传感器失效	1)检查插头 2)更换氧传感器
测量结果偏低	1)取样系统管路泄漏或探头插入深度太浅 2)校准不正确	1)检查并排除泄漏 2)重新校准
HC显示值不稳,HC显示值不能回零,HC漂移	过滤器及管路系统被污染	1)更换前置过滤器、粉尘过滤器元件 2)清洗或更换被污染的管 3)用压缩空气反吹取样管 4)清洗气室

（续）

现象	可能的原因	解决方法
测量时，连续执行多次强制排水	1）汽车排气管内有积水 2）接近开关检测头附着水分 3）接近开关灵敏度过高 4）接近开关损坏	1）调整取样管的放置位置 2）擦去接近开关前端的水分 3）调节接近开关的灵敏度 4）更换接近开关并调节灵敏度，如无接近开关更换，可打开仪器外盖拔去驱动板上 J14 插头可暂时正常测量（应尽快更换接近开关）
除水器内积水水位升高至除水器内金属滤网的高度，仍不排水	1）接近开关灵敏度过低 2）排水管路堵塞 3）接近开关损坏	1）调节接近开关的灵敏度 2）检测排水管路 3）更换接近开关并调节灵敏度
泄漏检查不合格	1）内部气路、气管 2）粉尘过滤器 3）泵体组件	1）检查内部气管是否松脱或爆裂 2）检测粉尘过滤器座或盖是否爆裂 3）检测泵体是否老化或出现裂纹

2. 日常维护注意事项

尾气分析仪是一种精密的分析仪器，因此在日常使用中要注意维护和保养，否则会影响其测量精度。在使用中主要注意以下几点：

1）日常使用时要勤于检查和更换过滤器元件。如果不及时更换过滤元器件，除了会影响测量精度外，更严重的情况是还会对仪器造成损坏。

2）保持排水通道的畅通。如果经过水分离器分离出的水不能及时排出仪器，那么当积水达到一定程度后就会进入气室，从而造成仪器出现故障。因此要经常检查水过滤器、气泵、电磁阀和接近开关，保证其工作状态正常。

3）日常测量完毕，用干燥的压缩空气吹探头、取样管，以免脏物堵塞气路及取样管 HC 吸附过高。测量完毕，放好探头和取样管，勿将其扔在地上，以免脏物和水被吸入气室。勿将取样管经常置于太阳曝晒下，以免取样管老化。取样管两端因经常拉动，容易断裂，造成气路泄漏，平时应注意检查。

4）测量完毕，不要马上关泵或关机，建议继续开泵抽入新鲜空气至少 5min，以清洗气路，减少 HC 残留和水汽残留。

5）测量中，可根据 HC、CO、CO_2、O_2 的数据综合分析，从而判断数据是否有效，即取样系统、汽车排放系统是否正常。

第四节　发动机综合分析仪

发动机综合分析仪是通过传感器采集信号，经前端预处理器处理后输入计算机进行处理，以不同的形式输出，可以直观、方便地对发动机进行故障检测、分析与诊断的仪器。它还可以和检测线主机以不同方式进行数据通信交换信息，以便对车辆及用户信息和检测数据进行集中监控与管理。

一、发动机综合分析仪的功能

发动机综合分析仪也称发动机综合参数测试仪或发动机综合性能测试仪,它是一种技术含量较高、测试项目齐全的汽车维修检测诊断设备,可全面检测、分析、判断发动机在各种不同情况下的工作性能及技术状况。发动机综合分析仪的功能如下:

1) 点火系统检测。可检测与分析点火提前角、触点闭合角、一次点火信号、二次高压和点火波形等。具体功能包括:转速检测、温度检测、进气管真空度检测、起动机与发电机检测、废气检测、动力平衡检测、无负荷测功、数字万用表及示波器功能等。

2) 柴油机检测。具体功能包括:喷油提前角检测、喷油压力检测、烟度检测、转速检测、起动机与发电机检测、无负荷测功、数字万用表及示波器功能等。

3) 电控发动机检测。具体功能包括:转速检测、温度检测、空气流量检测、进气管真空度检测、节气门位置检测、爆燃信号检测、氧传感器检测、车速传感器检测、喷油脉冲检测等。

4) 故障分析。包括:信号分析与回放、测试结果查询。

5) 参数设定。

6) 数字示波器显示波形、数值。

二、发动机综合分析仪的特点

(1) 具有动态测试功能 分析仪的信号采集系统能迅速、准确地捕获发动机运转中各瞬变参数随时间变化的函数曲线。这些动态参数是对发动机工作性能和技术状况进行准确判断的科学依据。

(2) 具有普遍性和通用性 分析仪的测试和分析过程不依据被测发动机的数据卡,只针对发动机基本结构和工作原理的实际情况进行,因此测试结果具有良好的普遍性,检测方法具有广泛的通用性。

(3) 具有主动性 分析仪不仅能适时采集发动机的动态参数,而且还能主动发出某些指令干预发动机的工作,以完成某些特定的试验程序,如发动机断缸试验等。

三、FSA740 故障分析仪的主要功能

FSA740 故障分析仪(图 3-97、图 3-98)是在原发动机综合分析仪的基础上改进而成的,并根据汽车电子技术的发展水平和实际作业的要求添加了新的功能,其系统和检测软件建立在 Windows 平台上,便于使用,兼容性好。

FSA740 可根据用户需要进行模块组合,以完成更多的检测项目,一般较完整的配置应包括以下几部分:

1) KTSxx。这实际上是一个汽车故障诊断仪(解码器),用于与汽车电子系统 ECU 的通信,并进行相关的故障诊断。

2) 测量模块。这是一个独立的模块,通过 USB 接口与主机连接,其上预装各种检测适配插头的插口,可连接不同的检测传感器,并包含可存储的双通道电子示波器和数字万用表,可测量一次、二次点火系统的点火波形和汽车上传感器、执行器及其他电气设备的信号和计算机指令信号。

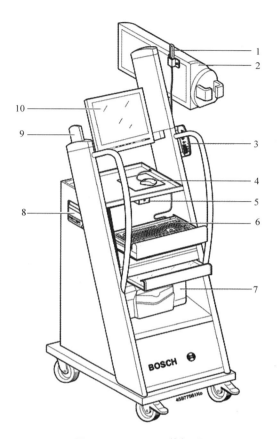
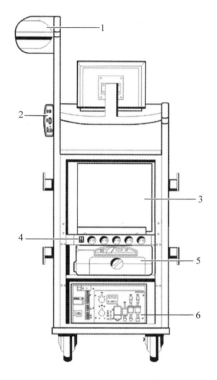

图3-97 FSA740 前视图

1—蓝牙 USB 适配器 2—测量模块 3—KTS520（*）
4—USB 鼠标 5—遥控接收器 6—键盘（*）
7—打印机 8—带 DVD 光驱和软驱的 PC
9—遥控器 10—显示器

图3-98 FSA740 后视图

1—测量模块 2—PC 3—打印机（PDR218）
4—BEA050 5—插座电源开关
6—KTS540（该设备有时会按特殊附件提供）

3）信号模拟。可根据汽车上传感器发出的信号类型，选择量值模拟输出，以替代原传感器的信号来判断故障。

4）气体尾气分析仪。可测量尾气中 CO、HC、CO_2、O_2、NO_x 五种气体的浓度，并通过尾气分析判断发动机燃烧方面的故障。

5）ESI［tronic］（电子信息服务系统）。这是一个电子版的配件和维修资料系统，包含维修引导、故障码说明和电路图等信息。

6）打印机。可用来打印故障单。

四、FSA740 故障分析仪的使用方法

FSA740 故障分析仪的电磁兼容性（EMC）是 A 级标准，工作噪声小于 70dB（A）。基本配置的 FSA740 包含一个带 PC 的小推车、打印机、键盘、鼠标、测量模块和遥控器。小推车还为安装 BEA050（汽油机尾气分析仪）和 RTM（柴油机烟度计）预留了空间。

FSA740 的模块接口如图 3-99 所示。

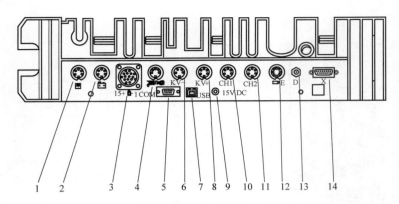

图 3-99 FSA740 模块接口图

1—温度传感器 2—蓄电池正负极连接线 3—1 端、15 端/EST/TN/TD 连接线 4—触发钳或传感器（环形夹适配线 1684465513） 5—RS232 串行端口（无功能） 6—二次侧负极传感器 7—PC 连接的 USB 口 8—二次侧正极传感器 9—模块电源输入口 10—万用表测量通道 1 或 30A 电流测量钳 11—万用表测量通道 2 或 30A 电流测量钳/1000A 电流测量钳 12—正时灯 13—空气压力测试口 14—无功能（功能扩展口）

注意：当用环形传感器测量发动机转速时，适配线 1684465513 必须连接在 FSA740 插槽和 40 传感器连接线上。

1. FSA740 的操作方法

（1）打开/关闭 FSA740 可以通过操作 FSA740 后面开关主板的主开关来打开和关闭设备。

（2）诊断软件选项（DSA） 利用 DSA 可以完成以下功能：

1) 启动博世应用菜单（最好设置为自动启动）。
2) 进行端口设置。
3) 选择 DSA 和博世应用菜单语言。
4) 安装应用软件。
5) 升级用户和车辆的技术数据。
6) 关闭博世应用菜单。用 DSA 的"热线帮助"可以找到更多的相关信息。

（3）FSA 操作软件的初始界面 启动 FSA 操作软件，其初始界面如图 3-100 所示。

（4）设置 FSA 诊断软件的语言 在"设置"菜单项中，可以选择 FSA 诊断软件的使用语言。设置其使用语言后，博世的其他应用程序也一并被设置。

（5）FSA 诊断软件的操作

1) 功能键介绍。可以通过以下任一方式对 FSA 诊断软件进行操作：

① 诊断程序的功能键。
② PC 键盘上的按键。
③ USB 接口鼠标。
④ 遥控器。其中，在 PC 键盘上，ESC、F1、F10、F11 和 F12 键为热键，具有固定的功能，即在诊断软件运行的过程中，其功能不变；F2～F9 键的功能不是固定的，即当程序运行到不同的检测步骤时，其功能也会有所不同，见表 3-7。无论是哪种键，当它们在程序中变为灰色时，将不可用。

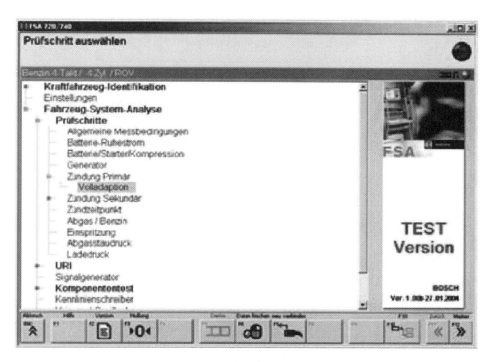

图 3-100　FSA 操作软件的初始界面

还可通过在线帮助获得更多的 FSA 诊断软件的操作信息。

表 3-7　PC 键盘按键及其功能

键盘按键	功能
[ESC]	关闭当前测量项目或检测程序
[F1]	显示当前操作步骤的在线帮助
[F2]	显示有关硬件和软件版本的信息
[F3]	校正零点： 1. 电阻：CH1 的零点校正 2. 气压：测定参考压力。此时压力测量软管不得连接在汽车上。结束校正后，将在测量气压时显示与参考压力的差值
[F4]	用来设置转速源 TD/TN 信号脉冲数的菜单
[F5]	启动或者取消演示模式，单击状态栏的演示符号即可更改演示设置
[F6]	删除手工保存的不同检测的数据
[F7]	执行检测步骤时启用或取消的额定值。通过客户数据、代码编号或者制造商商标进行汽车识别时，可以使用汽车专用检测步骤的额定数据。在使用额定值进行检测的过程中，使用者可执行各个检测步骤 　如果是默认汽车识别方式，就不存在额定值。若要使用额定数据执行汽车专用检测步骤，必须先激活该功能
[F11]	返回到程序的上一步骤
[F12]	向下进一步操作或是确认

2）FSA 诊断软件界面的结构。如图 3-101 所示，FSA 诊断软件显示界面主要由以下几

部分组成：

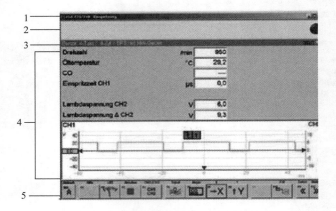

图 3-101　FSA 诊断软件的显示界面

① 程序名称显示工具条（如程序和检测步骤，检测步骤标题栏显示在所有程序中）。

② 操作说明信息框（含有供操作者使用的信息及说明的信息框。当"地球"标志转动时，表示 FSA 软件正在工作）。

③ 车辆和传感器信息状态栏（含有汽车、转速源和有关通过遥控器进行操作的信息的状态栏，在演示模式中显示演示符号）。

④ 测量项目显示区域（显示图形或者测量结果）。

⑤ 硬件和软件。

3）FSA 诊断软件的一般操作说明。详细说明如下：

① 上拉菜单。许多功能键在按下后，就会打开某个上拉菜单，如图 3-102 所示，可以按"回车键"确认上拉菜单中的所选设置，也可以使用鼠标双击所选设置，进入下一步。在上拉菜单旁单击或再次按下功能键，关闭上拉菜单。

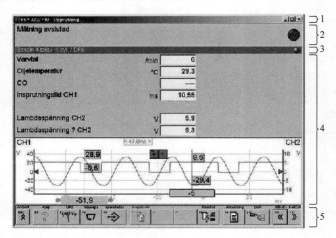

图 3-102　FSA740 操作界面上拉菜单

② 移动箭头和光标框。在许多菜单中可以移动箭头和光标框。按住左键，就可以上、下、左、右移动箭头或光标框。

③ 在光标之间测量。移动光标，使得信号的某个周期或者 n 个周期被选中，就可获得准确的测量值。

④ 脉冲持续时间和脉冲信号占空比 t/T。测量结果与触发的设置有关正/负，负触发沿的信号范围在触发电平下方，正触发沿的信号范围在触发电平上方。

⑤ 显示图标的含义。图标及其含义见表3-8。

表3-8 图标及其含义

图标	含义	图标	含义
▭	DC 耦合	∿	AC 耦合
⌐	接地测量信号	⌐⌐	浮置测量信号
∫	正触发沿	∫	负触发沿
1	触发源（CH1）	2	触发源（CH2）

⑥ 不同检测步骤的功能：

a. 汽车识别：可以通过客户数据、默认设置、制造商商标或代码编号来识别汽车。

b. 设置：设置所有检测步骤的参数，如语言、单位和转速范围。

c. 检测步骤：在使用额定值进行的整个检测过程中（2005年3月以后），使用者可以执行各个检测步骤。要使用专用的检测说明，必须将其激活，否则仅有默认检测说明可供使用。

d. 信号发生器：使用 CH2 可输出对地信号。信号形式可以是正弦波、方波、三角波或者直流电压，同时可以使用 CH1 显示应答信号的示波器波形。

e. 部件测试：可以检测各个汽车部件。

f. 特性曲线记录仪：使用不同的信号源（如端子1和钳式电流计），可以记录转速的特性曲线。

g. CH1、CH2 特性曲线：使用连接在 CH1 和 CH2 上的信号源，可以记录特性曲线。

h. 通用示波器：用来采集信号的双通道示波器。

i. 一次点火示波器：在这种类型的示波器中，能以行列和点阵方式显示一次绕组的点火过程（20~500V）。

j. 二次点火示波器：在这种类型的示波器中，能以行列和点阵方式显示二次绕组的点火过程（5~50kV）。

4）转速标记。当检测发动机转速时，FSA 诊断软件会自动选择信号源，被选择的信号源会显示在屏幕的状态条上，如图3-103所示。

钳式脉冲信号检测器　　端子1/TD/TN　　卡夹式传感器　　蓄电池电压脉冲

图 3-103　信号源标记

转速信号的采集遵循优先级原则，如果连接了多个转速感应器，应始终根据该优先级进行操作。

5）技术数据。发动机检测项目及检测数据见表 3-9。

表 3-9　发动机检测项目及检测数据

检测项目	测量范围	测量精度	传感器
转速测量	450~6000r/min	10r/min	蓄电池连接线 B/B
	100~12000r/min		触发钳
	250~7200r/min		二次传感器
			终极连线 130A 电流钳
	100~12000r/min		柴油石英夹传感器，1000A 电流钳（起动电流）
油温测量	-20~150℃	0.1℃	油温传感器
蓄电池电压	0~72.0V	0.1V	蓄电池连接线 B/B
一次 15 端电压	0~72.0V	0.1V	连接一次 15 端信号线
一次 1 端电压	0~20.0V	0.1V	连接一次 1 端信号线
点火电压	±500V	1V	连接一次 1 端信号线（二次传感器）
燃烧电压	±500kV	100V	
燃烧时间	0~6ms	0.01ms	
通过起动电流进行各缸压力比较	0~200A	0.1A	
交流发电机测量	0~200%	0.1%	万用表通道 1
发电机电流火花电流	0~1000A	0.1A	1000A 电流钳
一次电流	0~30A	0.1A	30A 电流钳
闭合角	0~100%	0.1%	连接一次 1 端信号线
	0~360°	0.1°	
闭合时间	0~50ms	0.01ms	二次传感器
		0.1ms	30A 电流钳
正时灯测量 点火提前角	0~60°kW	0.1°kW	触发钳
传输起点 喷油起点 喷油脉宽	0~60°kW	0.1°kW	环状传感器

(续)

检测项目	测量范围	测量精度	传感器
压力（空气）	-15~8GPa	10MPa	空气压力传感器
脉宽 t/T	0~100%	0.1%	万用表测量通道1/2
喷油时间	0~25ms	0.01ms	万用表测量通道1/2
点火时间			

万用表检测项目及检测数据见表3-10。

表3-10 万用表检测项目及检测数据

检测项目	测量范围	测量精度	传感器
转速	取决于发动机转速		
蓄电池电压	0~72V	0.01V	蓄电池连接线 B/B
15端电压	0~72V	0.1	连接一次15端信号线
直流/交流电压	±200mV~±20V	0.001V	万用表测量通道1/2
最小值/最大值	±20~±200V	0.01V	
1000A电流	±1000A	0.1A	1000A电流钳
30A电流	±30A	0.01A	30A电流钳
电阻（R万用表1）	0~1000Ω	0.01	万用表测量通道1
	0~10Ω	0.1	
	10~999Ω	100	
压力	0.02~250kPa	10Pa	空气压力传感器
空气压力			
蓄电池温度	-20~150℃	0.1℃	蓄电池温度传感器
空气温度	-20~100℃	0.1℃	空气温度传感器

备份功能为目录向前或向后和查询的功能。
示波器测量功能及测量范围见表3-11。

表3-11 示波器测量功能及测量范围

测量功能	测量范围	传感器
二次电压	5~50kV	二次传感器
一次电压	20~500V	一次传感器
电压	200mV~200V	万能表测量通道1/2
AC耦合电压	200mV~5V	蓄电池连接线

(续)

测量功能	测量范围	传感器
电流	2A	30A 电流钳
	5A	
	10A	
	20A	
	30A	
	50A	1000A 电流钳
	100A	
	200A	
	1000A	

示波器功能和说明见表 3-12。

表 3-12 示波器功能和说明

功能	说明
输入 CH1/CH2	AD/AC
输入阻抗 CH1/CH2（接地）	1MΩ
输入阻抗 CH1/CH2（绝缘电池组）	1MΩ（5~200V）10MΩ（200mV~2V）
输入阻抗 CH2（开关）	4MΩ
带宽 CH1（绝缘电池组）	>5kHz=200mV~2V
	>25kHz=5mV~200V
带宽 CH1（接地）	>1kHz=200mV~2V
	>5kHz=5~200V
带宽 CH2（接地）	>1kHz=200mV~2V
	>5kHz=5~200V
带宽（不同测量）	>30kHz
带宽 1000A 电流钳	>1kHz
带宽 30A 电流钳	>50kHz
次级传感器带宽	>1kHz
初级 1 端带宽	>100kHz（20V）
	>1kHz（50~500V）
时间范围（500 个扫描点）	10μs~100s
时间范围（1 个扫描点）	10ns~200ms
时间测试精度	0.01%
没有传感器时的垂直精度	读数的 ±2% 测量范围的 ±0.3%（偏移错误范围>1V）或 ±5mV（偏移错误范围 200mV~1V）
垂直分辨率	10bit
记忆深度	1M 测量 50 条曲线
每个通道扫描速率	50Mb/s

信号发生器功能见表3-13。

表3-13 信号发生器功能

功　能	说　明
振幅	-10~12V（加载<10mA）接地
信号形状	DC，正弦曲线，三角形，脉冲
频率范围	1Hz~1kHz
输出电流	<30mA
阻抗	60Ω
对称性	10%~90%（矩形波，方波）
曲线产生	输出速率高达1000bit/s 8位分辨率 Y轴全范围可调单极/双极型
短路抗干扰电压	<50V 静态 <500V/1ms 动态

电源组件功能见表3-14。

表3-14 电源组件功能

功能	说明	功能	说明
输入电压	90~264V（交流）	输出电压	15V
输入频率	47~63Hz	操作温度	0~40℃

6) ESI［tronic］软件的操作。

① 查找发动机、ABS 和 ESP 等控制系统的电路图。

首先选择车辆（方法）；调出"SIS/CAS"信息类型；显示其信息已被保存的车辆系统；打开所需文件夹；从文件夹中选择所列出的某一个子系统；在窗口界面中选择所列出的故障查找说明；从说明的目录中选择"电气连接图"一章；要查找某个插图的针脚配置时，可浏览该章内容。

② 故障诊断指南及维修信息查询。

a. "SIS/CAS"提供所选汽车的系统信息，包含故障查找、故障码表、系统电路图以及部件安装位置的故障诊断指南。其中，"计算机辅助维修"用于分析汽车中控制总成的自诊断（CAS 为计算机辅助维修的英文缩写），系统还包括维修信息及博世内部服务信息。

b. "牌号信息"提供专门的汽车牌号服务信息，如 MB 照明距离调整说明。

c. "一般信息"提供一般品牌和系统相关故障诊断说明及维修信息，如博世汽车报警说明。

③ 用 CAS［plus］完成故障诊断。

a. 从 SIS 直接调出故障存储器里的故障。

b. 根据所读出的故障码表，直接排除故障。

c. 直接从 SIS 说明中调出实际值和 URI 测量值。

d. 读出的实际值与URI测量值和状态信息在SIS说明内的一个特定窗口里动态显示。

e. 读出的实际值和URI测量值自动与SIS说明内的额定值相比较，并用颜色突出显示。额定范围内的数值在白色背景上显示绿色，额定范围外的数值在红色背景上显示黑色。

f. 读出的实际值与URI测量值和状态信息可转入说明的输入栏中。

g. 可自动产生带诊断数据的工作记录，从SIS里打印。

7）博世控制单元诊断系统的操作。

① "开始"界面。启动博世控制单元诊断系统之后出现"开始"界面，如图3-104所示。

a. "F4"含有下列菜单项的"Info"选择菜单："重要说明"是控制单元诊断系统的重要说明信息；"缩写符号"是表明所使用的缩写符号及其含义的列表，按字母顺序排序；"诊断插孔"是关于诊断插孔的安装位置与针脚配置以及匹配方法的说明信息，视车辆而定，而商标的重要说明和车辆上相关功能的说明信息，则视商标而定。

b. "F5"可用来调用测量模块（万用表、示波器和诊断示波器）。

c. "F7"用来显示设置设备基本功能的配置菜单（如单位和修理厂数据）。

图3-104 控制总成诊断的开始界面

② 屏幕布局。"开始"界面的软件界面包含以下几个部分（图3-105）：

a. 标题栏：关于车辆商标、系统和功能的说明。

b. 说明区：双行说明区，主要用于说明信息或者处理要求。

c. 输入区/输出区：含有可变内容的区域。

d. 硬键栏和软键栏：有弹出式提示和没有弹出式提示的功能按钮。

③ 硬键和软键。硬键为"ECS"、"F1"、"F11"和"F12"键；软键为"F2～F10"键，具有可变功能。当前程序步骤中呈灰色的软键不可用。

a. "ECS"键：在开始画面中询问是否要结束程序，在所有其他程序步骤中结束相应的检测步骤。

b. "F1"（帮助）键：关于当前关联信息的联机帮助。

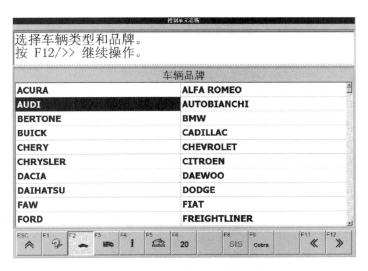

图 3-105 "开始"界面的软件界面

c. "F11"（返回）键：返回到某一菜单级上一次的对话窗口。

d. "F12"（继续）键：进入下一个对话窗口或者之前所离开的某一级菜单的对话窗口。

常用软键的简要说明见表 3-15。

表 3-15 常用软键的简要说明

软键	键盘	功能
	<F1>	显示当前操作步骤的在线帮助
	<ESC>	关闭当前测量项目或检测程序
	<F10>	从博世程序应用菜单切换到诊断软件选项（DSA）可以使用 DSA 调出各种博世应用程序，例如输入用户数据
	<F11>	退回到程序的上一步
	<F12>	向下进一步或是确认键
	TAB 键	切换不同功能键、记录或输入栏
	指针	在一个键内选择或在一个记录或输入栏内移动

(续)

软键	键盘	功能
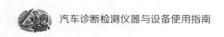	打印键	无论程序进行到任何界面都可以将当前屏幕的打印例外情况：在线帮助 1. 单击鼠标右键 2. 选择"打印"
←	回车键	向下进一步或是确认键

2. 故障码的读取与分析方法

（1）故障码的分类

1）当前性故障码：当前正发生着的故障生成的故障码。

2）历史性故障码：过去曾经发生过的故障生成的故障码。

3）自生性故障码：由故障码所指示的元器件或相关电路故障导致的故障码。

4）他生性故障码：非故障码所示的元器件或相关电路导致的故障码。

5）真实性故障码：故障真实存在的故障码。

6）虚假性故障码：故障并不存在的故障码。

7）相关性故障码：故障症状与故障码所指示的故障有因果关系。

8）无关性故障码：故障症状与故障码所指示的故障无任何关系。

（2）故障码的读取与分析 故障码的读取与分析主要通过以下步骤来完成：

1）读取故障码。

2）清除故障码。

3）确认故障码（再读故障码）。

4）试车再现故障。

5）再读故障码。

6）对故障码的成因、分类进行分析。

（3）举例分析 现有一辆车，有两个故障症状：冷车不好起动，热车起动正常；发动机有时突然熄火。试车之前读取故障码时，有三个故障码：P0115，发动机冷却液温度传感器故障；P0344，凸轮轴位置传感器间歇性故障；P0110，进气温度传感器故障。

在试车中冷车不好起动故障依然存在，但发动机有时突然熄火的故障没有发生。再次读取故障码时，只有一个故障码 P0115，这是在试车中出现的故障码，因此 P0115 是当前性故障码。因为在前一次读取故障码时它就已经存在了，此次仍然存在，所以故障码 P0115 是持续性故障生成的故障码；因为冷车不好起动、热车起动正常的故障症状与故障码 P0115（发动机冷却液温度传感器）有关，所以 P0115 是相关性故障码。因此，故障码 P0115 是持续性故障生成的相关性故障码。

第一次读取的故障码 P0344 和 P0110 在试车后就不存在了，所以它们是历史性故障码。而发动机有时突然熄火的故障与故障码 P0344 是相互关联的，因此故障码 P0344 是间歇性故障生成的相关性故障码。故障码 P0110 与另两个故障症状都没有直接的联系，因此对于这两个故障症状来说，P0110 是无关性故障码。经检查，进气温度传感器及线路故障并不存在，因此故障码 P0110 是已经排除但未及时清除的历史性故障码。

另外，故障码 P0115 和 P0110 都是电控系统传感器及线路导致的故障码，因此都是自生性故障码。故障码 P0344 有可能是凸轮轴的偏摆跳动或机械安装位置不当导致产生的，因此 P0344 可能是自生性故障码，也可能是他生性故障码。P0115、P0110 和 P0344 都是真实存在的故障生成的故障码，因此它们都是真实性故障码。

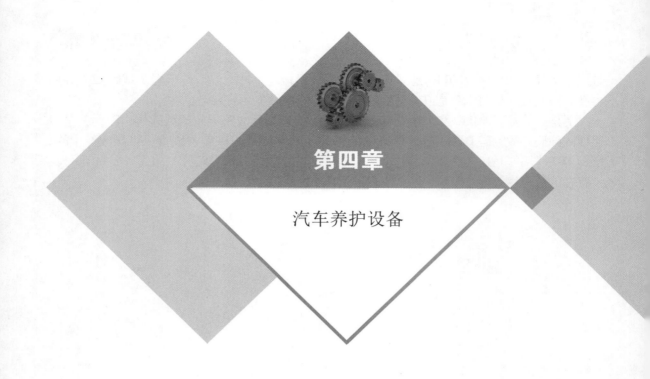

第四章

汽车养护设备

第一节　制冷剂回收再生充注机

制冷剂回收再生充注机是集回收、再生、抽真空、加注、检漏等多项功能于一体的机器。其中，制冷剂回收是依靠本机系统内部的压缩过滤装置把空调管路内的制冷剂回收到工作罐内；制冷剂再生是分离空调系统内的冷冻机油和水分，达到再利用的标准，保证制冷剂的纯净，从而使制冷剂可循环使用；制冷剂加注是设定加注制冷剂量，向车辆加入相应量的同类型制冷剂；空调检漏是检测空调制冷剂管路是否存在泄漏，确保制冷剂管路密封良好；抽真空是给空调管路及设备管路抽真空；加注冷冻机油是设定冷冻机油量，向空调系统加入冷冻机油。下面以 AC350C 制冷剂回收再生充注机为例进行说明。

一、结构与配置

如图 4-1 所示，AC350C 制冷剂回收再生充注机能够完成车辆空调制冷剂的回收、再生、充注和检漏操作，具有强大的功能。该产品还有一个完备的数据库，覆盖了市场上绝大多数车型的所有服务信息。

AC350C 型产品用于对 R-134a 或者 R-12 其中一种制冷剂的回收、再生和充注，一旦选用了 R-134a 或者 R-12，系统就只能使用这一种制冷剂。AC350C 制冷剂回收再生充注机产品结构如图 4-2 ~ 图 4-4 所示。

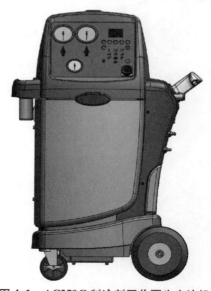

图 4-1　AC350C 制冷剂回收再生充注机

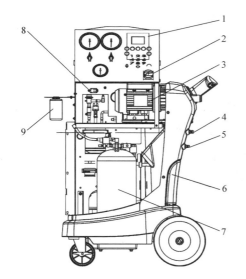

图 4-2 前视图

1—面板
2—总电源开关
3—真空泵
4—快速插头固定座
5—快速插头固定座
6—排油瓶
7—工作罐
8—继电器
9—注油瓶

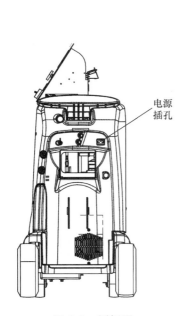

图 4-3 侧视图

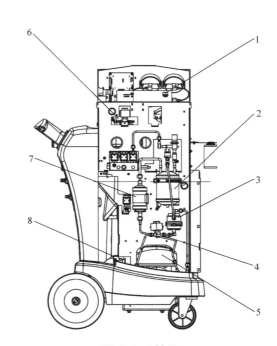

图 4-4 后视图

1—断路器　2—系统油分　3—压缩机油分　4—回油电磁阀
5—压缩机　6—注油电磁阀　7—过滤器　8—风扇

AC350C 制冷剂回收再生充注机控制面板的结构如图 4-5 所示。

AC350C 制冷剂回收再生充注机附件包的内容包括：高压管 1 根、低压管 1 根、真空泵油 1 瓶、操作说明书 1 份、电源线 1 根、质量合格证 1 份、警示标贴 1 份、保修卡 1 份、低压快速插头转接头 1 个、高压快速插头转接头 1 个、密封垫 4 个、密封垫 4 个。

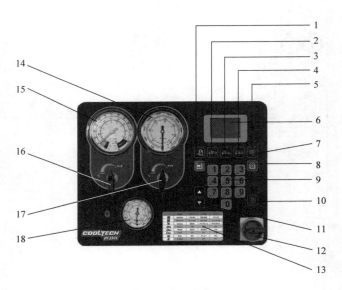

图 4-5 控制面板结构

1—排气:运行排气功能的快捷键 2—回收:回收空调系统的制冷剂 3—抽真空:将空调系统进行抽真空 4—充注:向空调系统充注制冷剂 5—菜单:进入菜单程序的快捷键 6—显示屏:显示操作信息 7—开始/确认:开始/确认程序的进行 8—停止/取消:停止/取消程序的进行 9—键盘:输入数据键 10—数据库∗:进入数据库的快捷键 11—上下键:上下选择键 12—电源开关:开机或关机 13—多语言对照表:多种语言表达对照表 14—高压表:显示空调系统高压端压力 15—低压表:显示空调系统低压端压力 16—低压阀:控制空调系统低压端与设备的通断 17—高压阀:控制空调系统高压端与设备的通断 18—工作罐压力:显示工作罐压力的压力表

二、初始设置

1. 添加真空泵油及注油瓶油

为更好地维护设备的工作性能,真空泵油每工作 10h 更换一次。真空泵注油口和排油口的分布如图 4-6 所示。

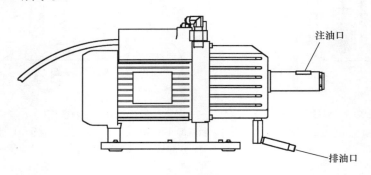

图 4-6 真空泵注油口和排油口的分布

(1) 真空泵油加注步骤

1) 打开注油口的盖子。

2)从注油口向真空泵中加入润滑油,直到油面高度达到视液窗的中部。

3)盖上注油口的盖子。

(2)添加注油瓶油

1)拧下注油瓶(图4-7)。

2)向注油瓶加入适量的冷冻机油。

3)冷冻机油加注完成后,将注油瓶拧上。

注意:真空泵在设备出厂时是没有润滑油的,注油瓶内在设备出厂时也是没有冷冻机油的。为了方便设备的使用,启动设备之前要在相应部位添加润滑油和冷冻机油。

(3)工作罐初始化 首次向工作罐加注制冷剂前,必须对工作罐进行初始化。

(4)充注制冷剂到工作罐 如图4-8所示,首次使用时,确保工作罐已经初始化,然后将高压管(或低压管)通过随机附带的转接头连接到原罐上,打开高气压阀运行"回收"功能,用户可以通过键盘设定回收量。

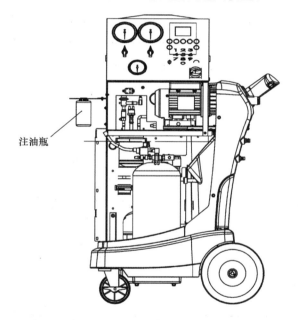

图4-7 添加注油瓶油

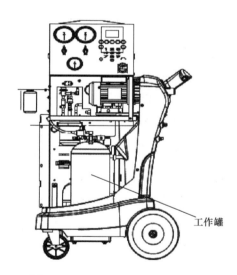

图4-8 充注制冷剂到工作罐

(5)操作指示

1)压缩机驱动空调只能达到局部的真空,可以利用15min的真空功能来排除空调系统的残留杂质。

2)设备包含有真空泵来实现快速、完全地抽取真空。真空泵每使用10h需要加真空泵油。设备会显示"更换真空泵油"的提示信息。

3)设备在背部位置装有电路断开按钮。如果电路断开,设备将无法工作。需要的话,可以按下电路断开按钮来重新启动设备。

4)设备只能在10~50℃环境温度下使用。在温度超过40℃的情况下,在两次回收之间需等待10min。

5)在日常使用期间,需要对设备进行定期检查。至少每三个月对设备检查一次。

2. 操作功能

在半自动模式下，用户可以独立完成排气回收、抽真空或者充注过程。

（1）排气

1）电源插入安全接地的电源插座，并开启设备。

2）按"排气"键，即开始排气 2s，显示屏显示如图 4-9 所示，2s 完成后显示屏显示如图 4-10 所示。按"确认"键继续排气，按"取消"键退出排气。

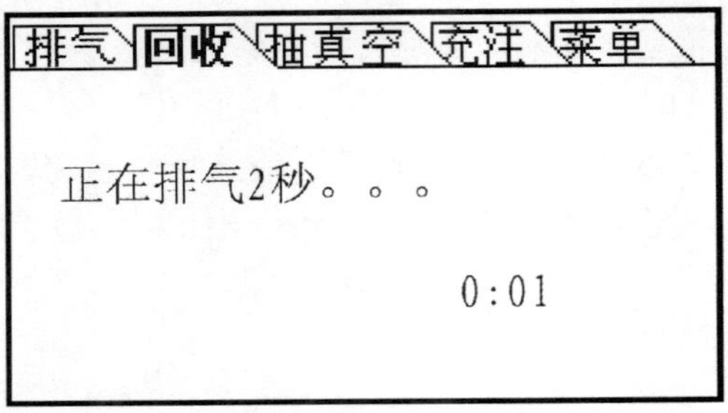

图 4-9　开始排气显示

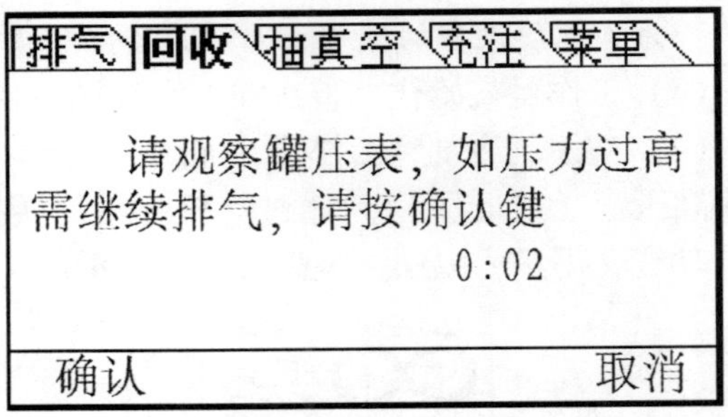

图 4-10　排气完成后显示

（2）回收空调系统制冷剂

1）电源插入安全接地的电源插座。

2）将红、蓝色软管上的快速插头连接到汽车空调对应的接口上。

注意：红色软管连接空调系统的高压接口，蓝色软管连接空调系统的低压接口。

3）打开控制面板上红、蓝色高低压两个阀门（手柄箭头指向左边为开）。

4）如图 4-11 所示，按"🚗"键直到显示屏上显示，可以通过数字键盘设定所需的回收量。回收前清理管路 1min。

5）按"➡"键，压缩机起动，系统将进行清理管路，时间为 1min（在此过程中按"✗"系统将退回主界面）。如图 4-12 所示，清理管路完成后，开始回收。回收完成后，屏幕显示如图 4-13 所示。

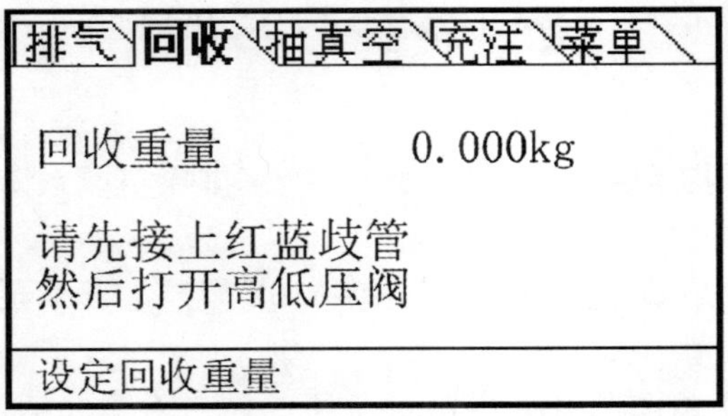

图 4-11　制冷剂回收操作

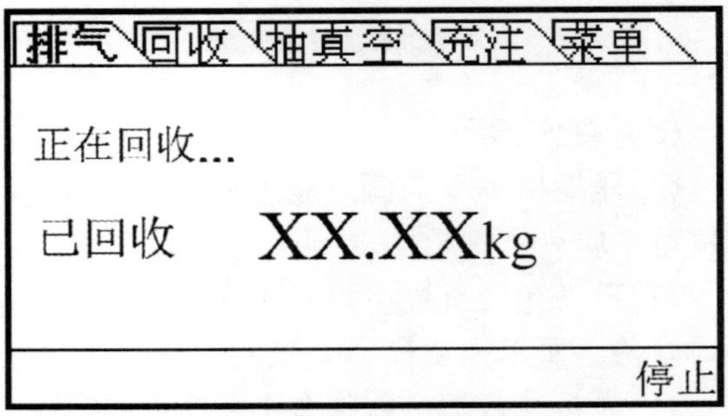

图 4-12　回收过程

6）如图 4-14 所示，按"➡"键，进行排油程序，排油完成后，屏幕显示如图 4-15 所示。回收所有制冷剂并排油之后，空调系统抽真空。

通过比较空调系统内制冷剂的重量和显示屏上显示的可利用空间来确保工作罐有充足空间；如果回收空间不够，从工作罐清除一定制冷剂到其他存储罐中。压缩机只能使空调系统达到部分真空。必须使用设备的真空（排出）循环清除系统中的残余杂质。

注意：在真空状态下超时使用压缩机会损坏压缩机。

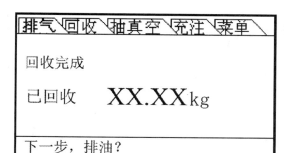

图4-13　回收完成

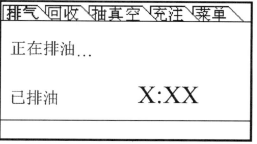

图4-14　正在排油

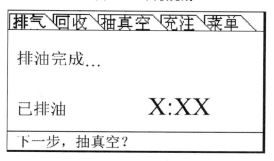

图4-15　排油完成

（3）空调系统抽真空　回收完空调系统的制冷剂，维修好空调系统后，空调系统抽真空。具体步骤如下：

1）将设备的红、蓝色软管和汽车空调系统的高、低压接口连接。

2）在控制面板上，打开设备电源开关，打开红、蓝两个阀门。

重要提示：将红色软管和系统高压端相连，蓝色软管和系统低压端相连。

3）如图4-16所示，按"🔧"键，直到屏幕上出现抽真空状态，也可以通过数字键盘设定所需的抽真空时间：当光标在"15∶00"字符处闪动时，选择数字键程序将切换到抽真空时间设置界面。

警告：在使用设备时要佩戴护目镜。所有的软管都可能有高压的液态制冷剂，当断开接头时要特别小心。

4）按"➡"键开始抽真空操作。显示屏上原显示的时间值开始计时。抽真空完成后，屏幕显示如图4-17所示。

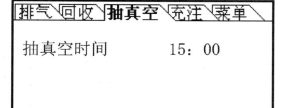

图4-16　抽真空时间的设定

注意：运行抽真空之前，必须检查压力表。只有在低压小于0kPa时才可进行抽真空操作，否则将会损坏真空泵。如果压力大于0kPa，先运行回收功能。

5）按"➡"，保压显示如图4-18所示。

```
┌─排气─回收─抽真空─充注─菜单─┐
│                            │
│  抽真空完成                │
│                            │
│  已抽真空      X:XX        │
│                            │
│  下一步，保压？            │
└────────────────────────────┘
```
图4-17 抽真空完成

```
┌─排气─回收─抽真空─充注─菜单─┐
│                            │
│  保压3分钟                 │
│  请观察高低压表查看是否泄漏│
│              X:XX          │
│                            │
│                      停止  │
└────────────────────────────┘
```
图4-18 保压显示

6）3min 保压完成后，通过观察压力表的变化判断是否泄漏，如果泄漏查明原因并解决，如不泄漏，用户选择下一步操作（图4-19）。

7）保压完成，观察压力表确认没有泄漏情况后，按"➡"，显示如图4-20所示。

```
┌─排气─回收─抽真空─充注─菜单─┐
│                            │
│  系统泄漏                  │
│  保压完成                  │
│              X:XX          │
│                            │
│                      停止  │
└────────────────────────────┘
```
图4-19 保压完成检测到系统泄漏

```
┌─排气─回收─抽真空─充注─菜单─┐
│                            │
│  注油量          100g      │
│  请同时观察注油瓶液体      │
│  可进入数据库查看车型参数  │
│                            │
│  确认                取消  │
└────────────────────────────┘
```
图4-20 保压完成后不泄漏显示

具体操作根据当时的情况来定，或者进入数据库进行查询，也可以向零部件生产商咨询。进入数据库的具体操作参考操作里的数据库项。空调零部件更改后需多加注一定量的冷冻机油。

8）分别按"➡"键显示屏显示如图4-21、图4-22所示。

```
┌─排气─回收─抽真空─充注─菜单─┐
│                            │
│  正在注油…                 │
│  请同时观察注油瓶液体      │
│  按确认键可暂停            │
│  按取消键退出              │
│  暂停                退出  │
└────────────────────────────┘
```
图4-21 注油过程

```
┌─排气─回收─抽真空─充注─菜单─┐
│                            │
│  注油暂停…                 │
│                            │
│  按确认键可继续            │
│  按取消键退出              │
│  确认                退出  │
└────────────────────────────┘
```
图4-22 注油暂停

9）按"✕"键退出，或按"➡"键注油继续。注油完成后，下一步进入充注流程，为避免空气进入空调系统，不要去除注油瓶中所有的油液。

(4) 充注空调系统制冷剂 为最大限度地提高再充注过程的效能，确认在工作中的制冷剂量至少是所需制冷剂量的 3 倍以上。

1) 将设备的红、蓝色软管和汽车空调系统的高、低压接口连接。

2) 把低压阀关闭，进行单管充注。

3) 打开控制面板上的电源开关键。按"🚗"，直到显示屏的显示如图 4-23 所示。

在默认情况下，充注程序可以自动判断工作状态，也可以通过数字键盘设定所需的充注重量。

4) 根据上一步的选择，打开控制面板上对应的阀门。

5) 按"➡"键充注开始。如图 4-24 所示，屏幕上显示已充注制冷剂的重量，已经充注完成系统显示如图 4-25 所示。

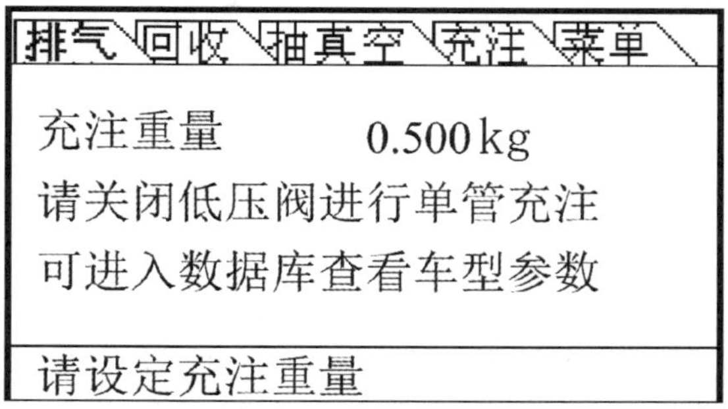

图 4-23 充注重量

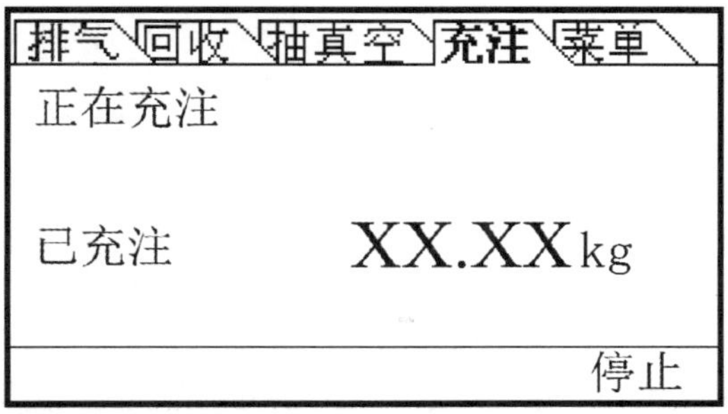

图 4-24 已充注制冷剂的重量

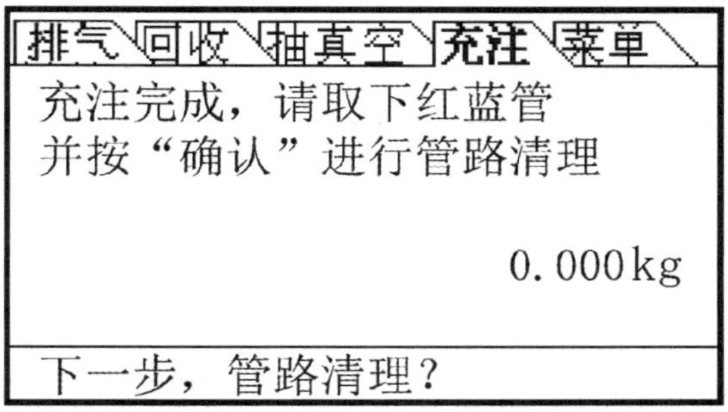

图 4-25 充注完成

6) 按"➡"系统进行自动管路清理。

(5) 清理空调软管 当完成充注或者是使用设备诊断空调系统之后，为保证更准确地充注，需要清理软管中残余的制冷剂。

1) 充注完成后，从车辆上断开高低压快速插头。

2) 打开红、蓝色软管的插头。

3) 根据程序操作进行清理管路流程。

4) 程序结束后按"➡"键退出。

注意：本设备可以通过功能键单独执行某一流程。

三、菜单功能

1. 制冷剂自循环

可以通过制冷剂自循环功能，净化进入设备内部工作罐的制冷剂。具体操作步骤如下：

1) 进入菜单，选择"制冷剂自循环"功能，显示屏显示如图 4-26 所示。程序默认制冷剂自循环时间是 10min，如果不选择默认量，用户可以通过键盘输入制冷剂自循环时间。

2）按照屏幕上的提示操作，打开高低压阀。

3）按"➡"键，屏幕显示有两种情况：

① 如果内部工作罐的制冷剂重量为 1~8kg，屏幕显示如图 4-27 所示。否则，屏幕显示如图 4-28 所示。

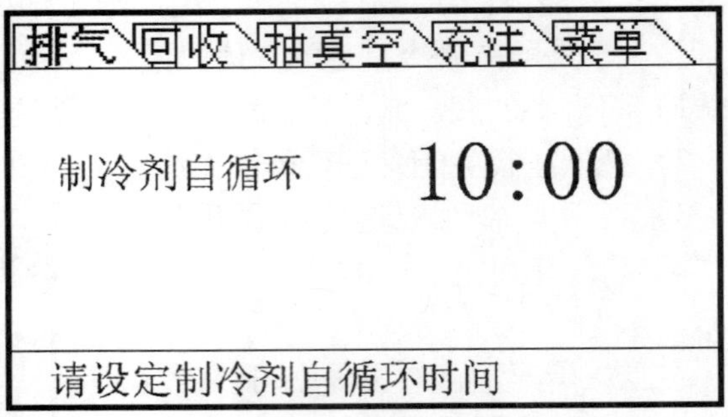

图 4-26 制冷剂自循环时间的设置

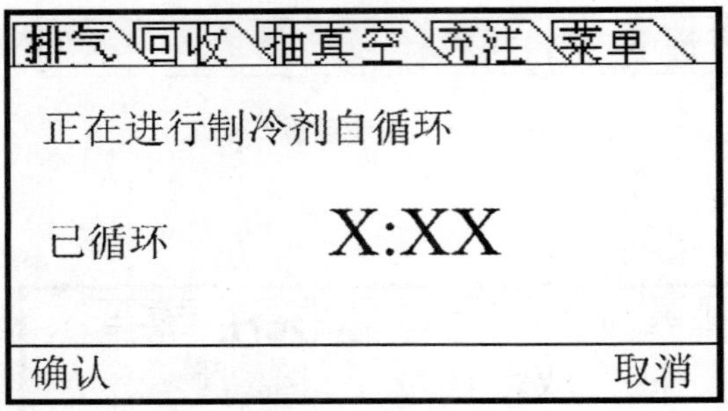

图 4-27 制冷剂循环时间

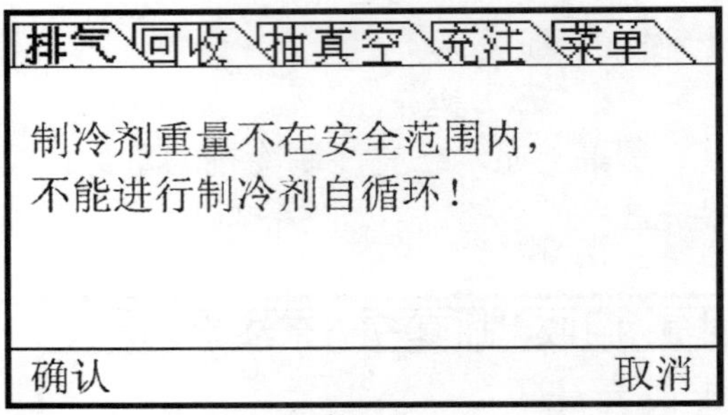

图 4-28 不能进行制冷剂循环

② 当制冷剂自循环时间为设定值时，运行完后程序将自动停止制冷剂自循环功能。

2. 自检漏

设备通过自检漏功能可以检测设备自身是否泄漏，如果在设定的保压时间内，压力变化小于设定的压力变化值，程序判定系统无泄漏，反之判断系统泄漏。具体操作步骤如下：

1）进入菜单，选择"自检漏"功能，显示屏显示如图 4-29 所示。

2）按照屏幕上的提示操作，打开高低压阀。

3）如图 4-30 所示，按"➡"键，设备将自动抽真空 2min。抽真空 2min 完成后，屏幕显示如图 4-31 所示。

4）保压过程中，按"✕"键，可提前终止检漏功能，屏幕显示如图 4-32 所示。自检程序默认检漏时间为 3min，用户也可自行设置检漏时间。

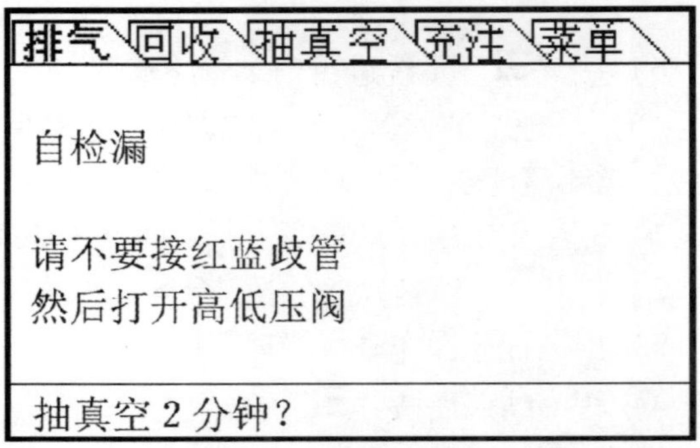

图 4-29 自检漏

3. 维护功能

进入菜单，选择"维护"，按"➡"键，屏幕显示如图 4-33 所示。通过系统维护功能，可以进行的项目有标定、更换干燥过滤器、更换真空泵油、工作罐初始化以及软件升级。

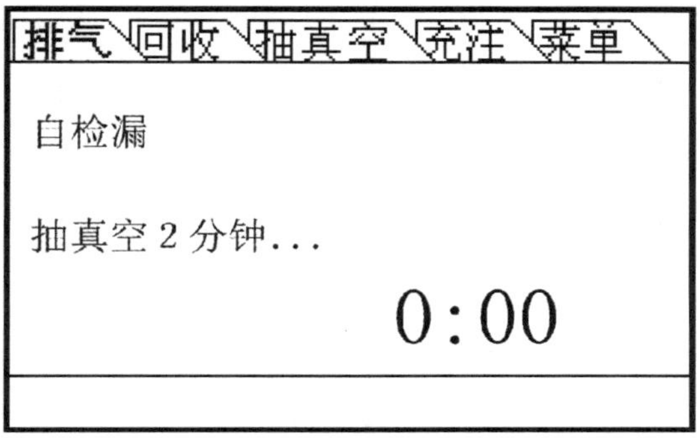

图 4-30 自动抽真空

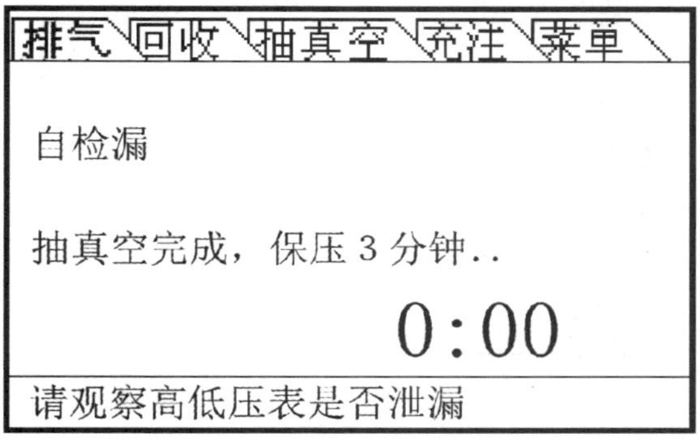

图 4-31 抽真空完成

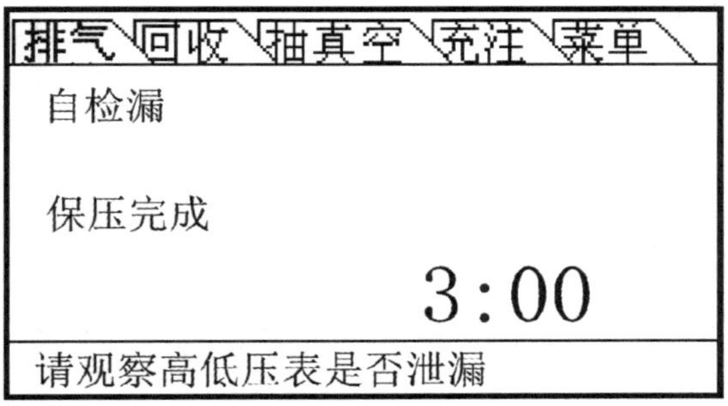

图 4-32 终止检漏功能

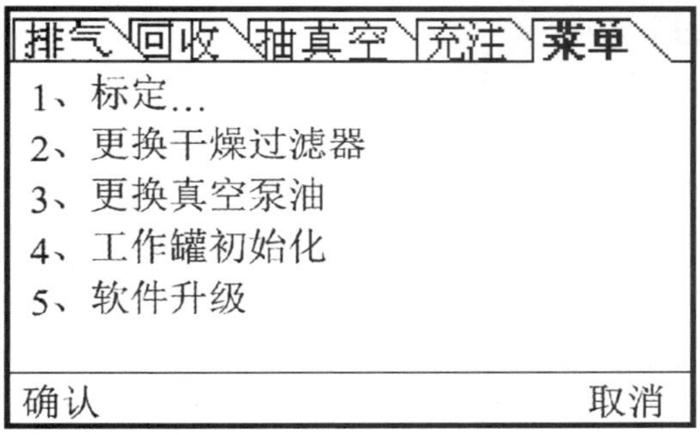

图 4-33 维护功能

4. 设置功能

进入菜单,选择"设置…",按"⇨"键,屏幕显示如图 4-34 所示。

通过设置功能,可以进行以下功能设置:干燥过滤器重量、真空泵工作时间、保压时间、语言选择、更改密码以及抽真空时是否制冷剂自循环。

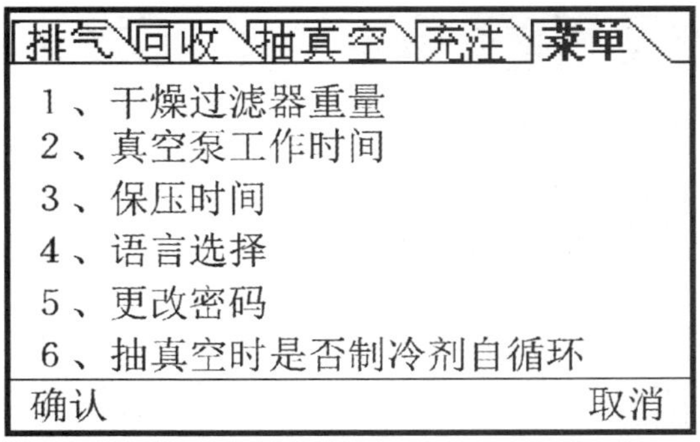

5. 标定

(1) 工作罐电子秤标定　如果电子秤出现测量不准,必须校准电子秤。该功能方便用户校准电子秤,按照以下步骤操作:

1) 打开设备的前盖板,关闭所有阀门。
2) 将工作罐上的管路和插头慢慢拆下,然后将工作罐搬离电子秤。
3) 选择"▤"键,进入"维护"选项,再选择"标定"功能,按"⇨"键。
4) 选择"校准工作罐电子秤"功能,按"⇨"键,屏幕显示如图 4-35 所示。
5) 按"⇨"键,屏幕显示如图 4-36 所示。

图 4-34 设置功能

```
┌─────────────────────────────────┐
│ 排气 │回收 │抽真空│充注 │菜单 │
├─────────────────────────────────┤
│                                 │
│  校准工作罐电子秤                │
│  请卸下工作罐                    │
│                                 │
│                                 │
│                                 │
│  确认              取消          │
└─────────────────────────────────┘
```

图 4-35　校准工作罐电子秤

```
┌─────────────────────────────────┐
│ 排气 │回收 │抽真空│充注 │菜单 │
├─────────────────────────────────┤
│                                 │
│  校准工作罐电子秤                │
│  请卸下工作罐                    │
│                                 │
│  调零数值          XXXX         │
│                                 │
│  确认              取消          │
└─────────────────────────────────┘
```

图 4-36　调零数值

6) 按"➡"键，并把 5kg 砝码放置在电子秤上，显示如图 4-37 所示界面，按"➡"键确认。

7) 按"➡"键，界面回到主菜单，完成工作罐电子秤标定。

(2) 空工作罐重量标定　校准完工作罐电子秤后，必须校准空工作罐重量。

1) 完成工作罐电子秤标定后，将工作罐重新安装在电子秤上，然后屏幕返回，选择标定里的"校准空工作罐"功能，按"➡"键，显示如图 4-38 所示界面。

2) 按"➡"键，显示如图 4-39 所示界面。

```
┌─────────────────────────────────┐
│ 排气 │回收 │抽真空│充注 │菜单 │
├─────────────────────────────────┤
│                                 │
│  校准工作罐电子秤                │
│                                 │
│  请在工作罐电子秤上              │
│  放置 5kg 砝码                  │
│                                 │
│  确认              取消          │
└─────────────────────────────────┘
```

图 4-37　放置砝码提示

```
┌─────────────────────────────────┐
│ 排气 │回收 │抽真空│充注 │菜单 │
├─────────────────────────────────┤
│                                 │
│  校准空工作罐                    │
│  请确保工作罐是空的              │
│  并已校准工作罐电子秤            │
│                                 │
│                                 │
│  确认              取消          │
└─────────────────────────────────┘
```

图 4-38　将工作罐重新安装在电子秤上

```
┌─────────────────────────────────┐
│ 排气 │回收 │抽真空│充注 │菜单 │
├─────────────────────────────────┤
│                                 │
│  校准空工作罐                    │
│  请确保工作罐是空的              │
│  并已校准工作罐电子秤            │
│  校准数值          XXXX         │
│                                 │
│  确认              取消          │
└─────────────────────────────────┘
```

图 4-39　校准数值

3) 按"➡"键，界面回到主菜单，完成空工作罐重量标定。

6. 更换干燥过滤器

在回收过程中，设备内的干燥过滤器可以对制冷剂进行除酸、除尘、除潮。为了保证设备有足够的去污防潮能力，每累计回收 68kg 制冷剂，需要更换新的干燥过滤器。当累计回收 68kg 制冷剂后，屏幕显示如图 4-40 所示。也可以在干燥过滤器达到使用寿命前提前更换。

（1）更换干燥过滤器前的准备

1）确保软管和汽车断开。

2）打开控制面板上的红蓝两个阀门（手柄箭头指向左边为开）。

3）按"📖"键，按键盘"维护"，按"➡"键，屏幕显示如图4-41所示。

4）选择"更换干燥过滤器"，按"➡"键，屏幕显示如图4-42所示。

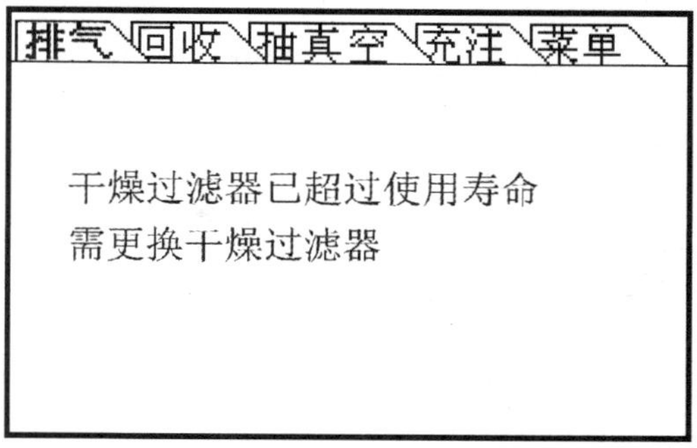

图 4-40 更换干燥过滤器提示

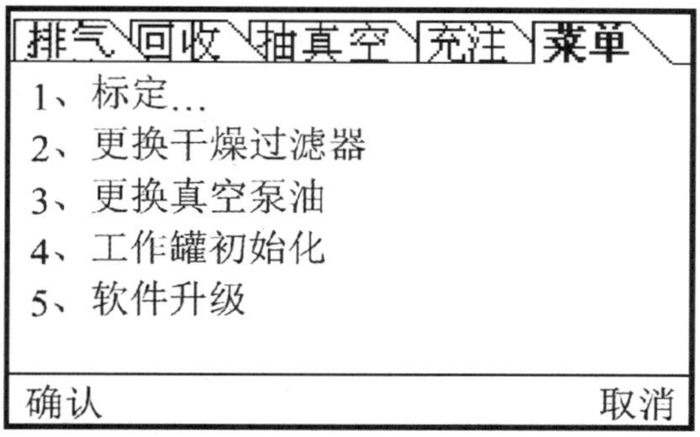

图 4-41 维护界面

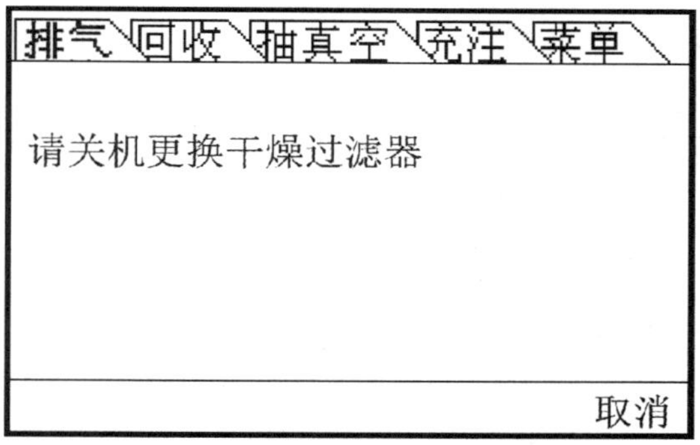

图 4-42 更换干燥过滤器

5）确认干燥过滤器需要更换。然后关机，进行更换干燥过滤器。

（2）更换干燥过滤器

1）打开设备的后盖板。

2）打开绑带，拆下和干燥过滤器连接的管路和插头。

3）按照制冷剂回收的流动方向（干燥过滤器上的箭头向下），安装新的干燥过滤器，如图4-43所示。

4）盖好后盖并固定螺钉。

提示：为了最好地维护设备性能，只能使用斯必克（SPX）公司提供的优质干燥过滤器。为避免延误工作，最好常备几个额外的干燥过滤器。

（3）确认干燥过滤器已更换

干燥过滤器更换完成后，按照以下步骤设置干燥过滤器工作

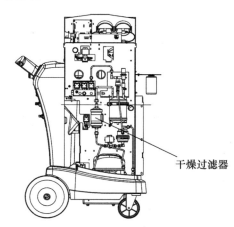

图 4-43 干燥过滤器的安装位置

容量:

1) 更换干燥过滤器后,启动设备,设备屏幕显示如图 4-44 所示。
2) 按 "⏎" 键,屏幕显示如图 4-45 所示。
3) 按 "⏎" 键,屏幕会自动跳回操作界面。

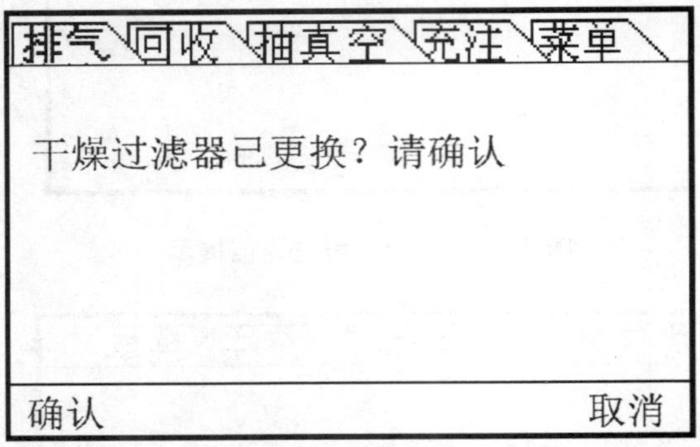

图 4-44　更换干燥过滤器确认

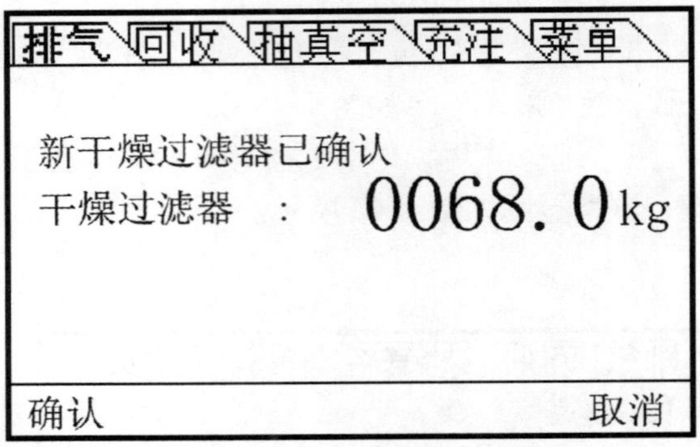

图 4-45　新过滤器重量

7. 更换真空泵油

为了更好地工作,真空泵每工作 10h 都要更换一次润滑油。设备会自动记录真空泵工作的时间,需要换油时,屏幕上会出现提示信息。更换真空泵油要根据以下步骤进行操作。

(1) 更换真空泵油前准备

1) 按 "▤" 键,选择 "维护",按 "⏎" 键,屏幕显示如图 4-46 所示。
2) 选择 "更换真空泵油",按 "⏎" 键,屏幕显示如图 4-47 所示。
3) 关闭电源开关,更换真空泵油。

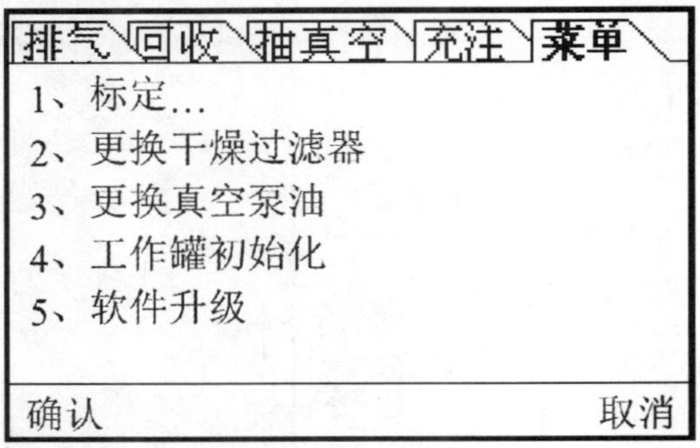

图 4-46　菜单

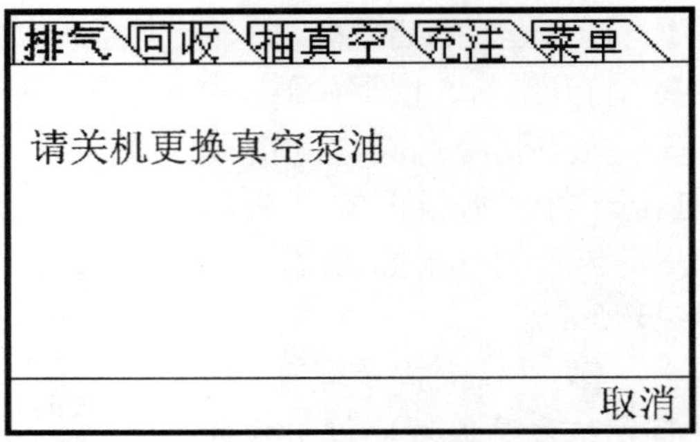

图 4-47　更换真空泵油提示

(2) 更换真空泵油　为了优化设备和延长设备的使用时间,最好使用指定的优质真空泵润滑油。按照以下步骤更换真空泵油:

1) 打开真空泵排油口的盖子,将油排入合适的容器中。
2) 盖好排油口的盖子。
3) 打开真空泵注油口的盖子。
4) 从注油口向真空泵中加入润滑油,直到油面高度达到视液窗的中部。

(3) 设定真空泵油使用时间　每次更换真空泵油后，需要重新设定换油倒计时起始时间。

1) 完成更换真空泵油，启动设备，屏幕显示如图 4-48 所示。

2) 按 " ➔ " 键，屏幕显示如图 4-49 所示。

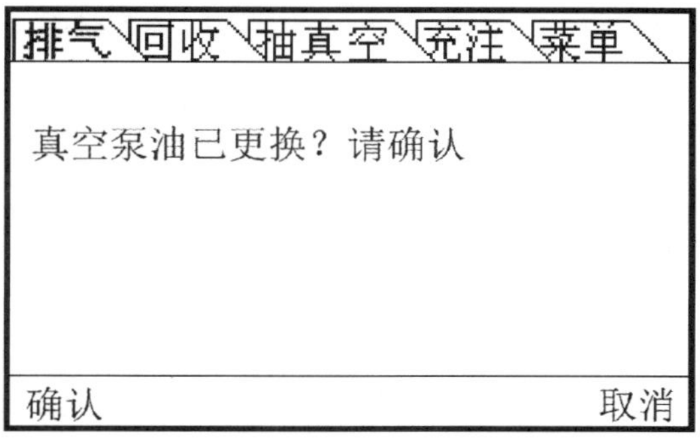

图 4-48　完成更换真空泵油

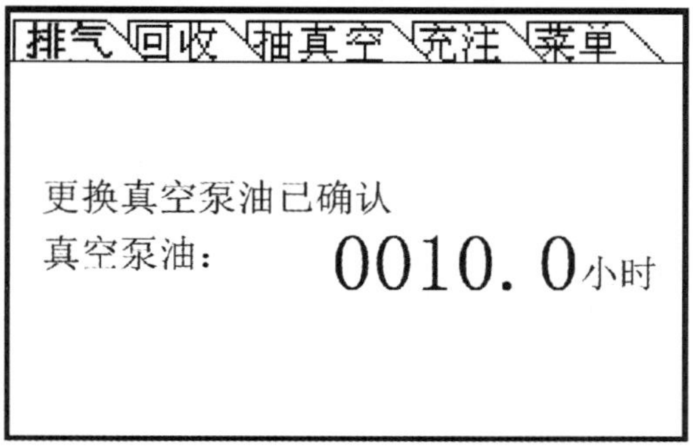

图 4-49　真空泵油更换确认

3) 按 " ➔ " 键，屏幕会自动跳回操作界面。

8. 工作罐初始化

产品第一次使用时，工作罐需要初始化，参考以下步骤操作：

1) 断开系统与空调的连接。

2) 选择 " 🕮 " 键，进入 "维护" 选项，再选择 "工作罐初始化" 功能，按 " ➔ " 键，显示如图 4-50 所示界面。也可以通过数字键盘设定所需的初始化时间：当光标在 "10：00" 字符处闪动时，选择数字键，程序将切换到时间设置界面。

3) 按 " ➔ " 键进入工作罐抽真空状态，如图 4-51 所示。

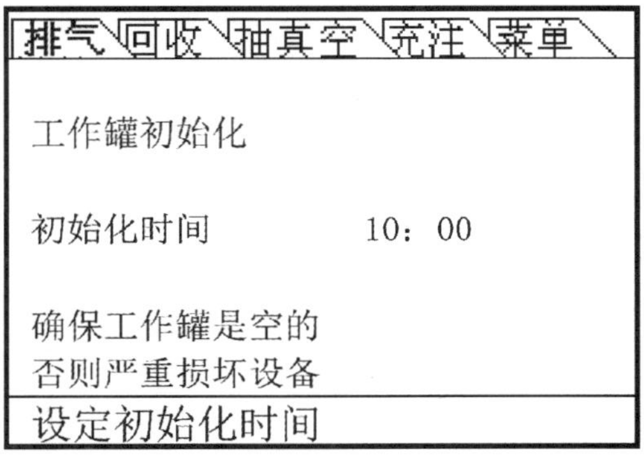

图 4-50　工作罐初始化（一）

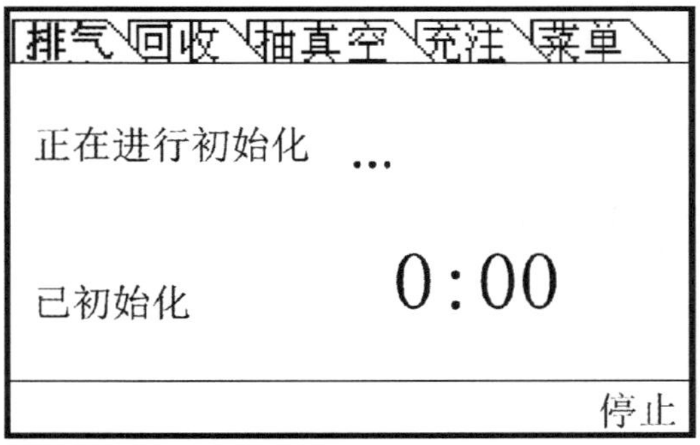

图 4-51　工作罐初始化（二）

4) 当初始化时间到了设置的时间，系统自动停止，如图 4-52 所示。

5) 按 " ➔ " 键，加注首批制冷剂。

四、设置

1. 语言选择

1)按"📖"键,输入密码进入菜单,按键盘"设置…",按"➡"键,再按键盘"语言选择",按"➡"键,屏幕显示如图 4-53 所示。可以通过按"▲▼"键进行语言选择。

2)设置后按"➡"键,语言选择完成。

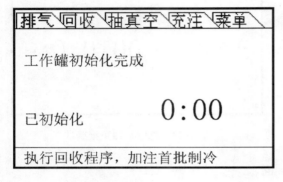

图 4-52　工作罐初始完成

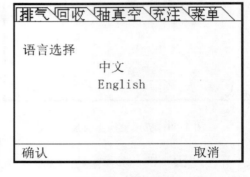

图 4-53　语言选择

2. 更改密码

密码保护提供了进入菜单的权限,可以保证菜单功能的各项操作仅允许拥有密码的操作人员执行,可以有效防止机器中的各项设置遭到意外的修改。设备的初始密码为:1234。可以通过菜单功能修改密码。也可以取消密码保护功能,这样,在进入菜单功能时将不会出现"输入密码"的提示。

1)按"📖"键,输入密码进入菜单,按键盘"设置…",按"➡"键,再按键盘"更改密码",按"➡"键,屏幕显示如图 4-54 所示。

2)可以通过按键盘输入现有密码后按"➡",屏幕显示如图 4-55 所示。

3)设置后按"➡"键,更改密码完成。

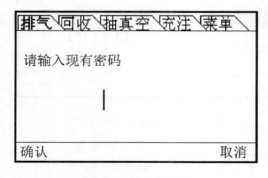

图 4-54　输入原密码　　　　　　图 4-55　输入新密码

注意:如果输入的新密码为空,将取消密码保护功能。

第四章　汽车养护设备

3. 抽真空时是否自循环

在默认情况下,进行抽真空操作时将同时开启自循环功能,这样可以有利于制冷剂的净化。可以通过菜单选择在进行抽真空时是否开启自循环功能。

1)按"▤"键,输入密码进入菜单,选择"设置…",按"➡"键,再选择"抽真空时是否制冷剂自循环",按"➡"键,屏幕显示如图4-56所示。可以通过按"▲▼"键选择是或否。

2)设置后按"➡"键,抽真空时是否制冷剂自循环设置完成。

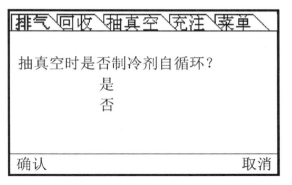

图4-56　抽真空时是否制冷剂自循环

第二节　汽车喷油器清洗检测仪

一、汽车喷油器清洗检测仪的功能

汽车喷油器清洗检测仪的结构如图4-57所示,其技术特点如下:

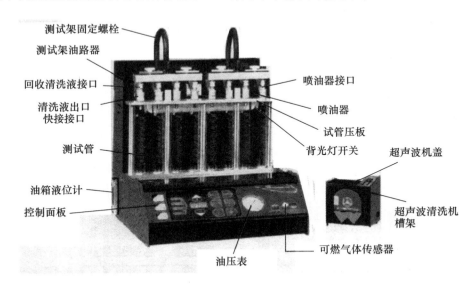

图4-57　汽车喷油器清洗检测仪结构

1)可对单个和多个(1~8个)喷油器的滴漏、喷油角度、喷油雾化状况、喷油均匀度进行自动静态检测、动态检测和选择检测,能模拟发动机任意工况,真实观察到喷油器工作的全过程。

2)检测范围。喷油脉宽:1~20ms,步长0.1ms;喷油计次:0~10000次,步长50

229

次；转速：0~9950r/min，步长50r/min；喷油计时：0~600s，步长1s。

在上述范围内，可任意设定各种喷油脉宽、喷油次数或喷油时间、转速；检测模式可以是静态、动态、加速、减速；检测过程中可以中断或恢复原操作程序。

3）能对单个和多个各类喷油器，无论是高阻、低阻、电压式、电流式等，都能进行自动检测清洗、反冲清洗、超声波清洗。

4）可使用计次方式检测，也可使用计时方式检测。有背景灯，可观看喷油器的工作状况。

5）设有独特的喷油器开、关周期检测装置，可检测鉴定喷油器的质量和品牌。

6）有闪光测定喷油角度和雾化状况的检测装置。

7）无须移动即可检测喷油器的滴漏、喷油角度、雾化状况、喷油均匀度的变化，并能在封闭的状态下实现安全常喷循环自动检测清洗。

8）有独特的万能双集油系统，适用于所有的顶置、侧置、多点或单点喷油器的连接。且具有测试自动排放功能，免除手动排液回缸。

9）如遇新型喷油器，只需选配合适的插头，更换O形圈即可。

10）采用微电脑技术和智能机电一体化设计，并设有工作电源和特定的喷油器自动保护装置，能对高阻、低阻、电压式、电流式各种喷油器进行安全检测和清洗。

11）有反冲洗设计，可对多个喷油器同时反冲洗。

12）有安全、定时的超声波清洗系统。提供40kHz高频超声波清洗系统，在保证不损伤喷油器的条件下，按喷油器制造商的建议进行操作。

13）配有阻尼系统、安全系统和不锈钢容器，无须配制高压的压缩气体供油系统，系统压力0~441kPa可调，并能准确显示（精度9.8kPa）。

14）免拆检测清洗。对电喷汽车的发动机可实现免拆清洗，不需要购买免拆清洗机（需选购与汽车连接的插头）。

15）提供安全的检测液和自动回收方法，无腐蚀，无污染，保证操作安全。

16）有多种插头，可与各种喷油器匹配，适用于标准型、Hose-Tail型、k型、TBL型等。并可根据用户要求设计。

17）采用微电脑自动调节供油系统的压力，有压力超限保护，保证流量和压力的稳定。

18）有可燃气体超浓度（体积分数≥2%）报警和检测清洗液超温显示报警安全系统。

二、汽车喷油器清洗检测仪的使用方法

1. 操作面板按键说明

操作面板按键如图4-58所示，按键名称及功能说明如下。

1）复位键：按此键系统恢复初始状态。

2）回油（DRAIN）键：按此键，系统回油，回油指示灯亮；再按此键，油泵停止工作，指示灯熄灭。

3）油泵（PUMPING）开关键：按此键，系统供油，油泵指示灯亮；再按此键，油泵停止工作，指示灯熄灭。

4）自动（AUTO）键：按此键，系统即按计次方式进入自动检测清洗分析。但使用自

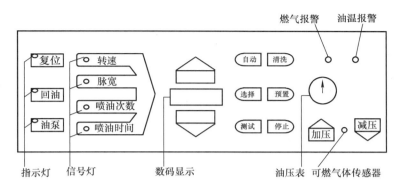

图 4-58 操作面板按键分布

动检测清洗之前，必须先把压力调至被检车辆系统油压规定范围内。

5）信号灯：转速信号灯亮时，数码显示窗显示转速数据；脉宽信号灯亮时，数码显示窗显示脉宽数据；喷油次数信号灯亮时，数码显示窗显示喷油次数；喷油时间信号灯亮时，数码显示窗显示喷油时间。

6）选择（SELECTION）键：每按选择键一次，转速（ROTATION SPEED）信号灯、脉宽（PULSEDURATION）信号灯、喷油次数（REV. COUNY）信号灯、喷油时间（TIMING）信号灯循环显示，当信号灯亮时，数码窗显示的数字即是该信号的数字。例如，脉宽信号灯亮时，数码窗显示003.0，就表示脉宽是3ms；转速信号灯亮时，数码窗显示0650，就表示转速是650r/min。如按"＋"键，设定的数字就可增加；按"－"键，设定数字就可减少。

7）测试（TEST）键：按测试键之前，必须先把发动机的转速、喷油脉宽、喷油次数或喷油时间等参数设定好，并按选择键选定测试方式（选计次方式，则"喷油次数"指示灯亮；选计时方式，"喷油时间"指示灯亮），然后按测试（TEST）键，即可按设定的测试程序测试。需要暂停测试时，可按停止（STOP）键中断测试；再按测试（TEST）健，系统即从中断点处起继续测试。

8）停止（STOP）键：按停止（STOP）键，系统暂停工作。

9）预置（PRESET）键：按第一次，预置怠速运行参数（650r/min、3ms、4000次）；按第二次，预置最大功率运行参数（2250r/min、12ms、2000次）；按第三次，预置高速运行参数（3000r/min、6ms、3000次）。

10）清洗（CLEANING）键：按下清洗（CLEANING）键，喷油器常喷检测清洗；按下停止键，检测清洗停止。

11）调压按键：加压（UP）键，增大油压（每按一次增大 0.02MPa）；按减压（Down）键，减小油压（每按一次减小 0.02MPa）。

12）超温报警信号灯：当检测清洗环境温度和机内温度大于75℃时，该信号灯亮，并发出报警声音。此时应立即关机，暂停使用。

13）可燃气体超浓度报警信号灯：当该仪器周围工作环境的可燃气体体积分数≥2%

时，该信号灯亮，并发出报警声音。此时应立即关机，暂停使用。

14）油压表：指示系统的油压。

2. 免拆清洗使用方法

1）在被清洗汽车的燃油滤清器接口处断开进油管，并断开油泵熔丝，然后选用与汽车供油口连接的插头与 $\Phi 10$ 油管接通，$\Phi 10$ 油管的另一端与本机配的免拆清洗快接插头连接，然后将插头插入本检测仪检测液出口快接接口。

2）断开被清洗汽车发动机的回油管，用 $\Phi 10$ 油管接通，并用卡箍锁紧，然后用 $\Phi 10$ 变 $\Phi 8$ 油管连接后，再与本检测仪配的快接插头接通，并插入本检测仪右上方的回收检测液接口。

3）将检测仪的油压调至被清洗车规定的系统油压，起动汽车发动机，清洗 15min（汽油与清洗剂的体积比例为 10:1），清洗剂为专用免拆清洗用（需选购），连续踩汽车加速踏板排出污物即可。

三、汽车喷油器清洗检测仪的保养与维护

1. 更换检测清洗液的方法

检测液使用多次后会污浊，当发现有污浊现象时，就应更换检测液。更换方法如下：

1）把本检测仪配的抽油管带插头的一端插入本检测仪上方的检测液出口的快接接口处，抽油管的另一端插入接污液的油桶（罐）。

2）按油泵（PUMPING）键，这时油箱的污液自动抽出来，直至抽干后，立即关闭油泵。

3）拧开测试架上的固定螺栓，拿开测试架上面与喷油器接口相连的油路器，然后按回油（DRAIN）健，接着将各个试管灌入新的检测液，直至油箱高位灯亮为止。

2. 安全使用注意事项

1）必须按使用手册规定的操作规程进行操作。

2）仪器的供电电压为交流 220V，50Hz，而且必须要接地。

3）使用时，周围必须严禁烟火，不准吸烟。

4）保修期内不能擅自打开机壳检测。如有故障，与当地经销商联系。

5）仪器适用于各种车型喷油器的检测清洗。对于通用的凯迪拉克、雪佛兰和丰田、日产等车型的几种特殊喷油器也适用，但必须向生产商另外选购特种插头。

6）必须使用专用测试液和清洗液。

3. 维护保养方法

（1）防尘

1）仪器用完后，要用塑料罩盖好，防止灰尘进入玻璃试管，避免回油电磁阀阻塞。

2）每用完一次，应把操作平台清洗干净。

（2）油泵保护

1）免拆清洗结束，必须把油箱中的脏检测液抽出，避免脏的检测液腐蚀损坏油泵。

2）仪器要经常使用。停用或少用时，至少每隔6天要通电测试使用一次。也就是说，每隔6天要把检测液注入油箱至高位灯亮，按面板的油泵（PUMPING）键，10min后即关闭。

3）油箱中的检测液混浊后，应及时更换。

(3) 电源　供仪器用的电源一定要接地。

(4) 清洗液、测试液的选用　选用的清洗液和测试液，必须要求无腐蚀性、不含水分、无毒、不易燃。